明月别枝惊鹊

林默蕾 著

我走遍世上每一条路，
只为寻找灵魂中的星辰……

南方出版社·海口

图书在版编目(CIP)数据

明月别枝惊鹊 / 林默蕾著. -- 海口：南方出版社，2020.7
 ISBN 978-7-5501-5960-0

Ⅰ. ①明… Ⅱ. ①林… Ⅲ. ①散文集—中国—当代 Ⅳ. ① I267

中国版本图书馆 CIP 数据核字 (2020) 第 038013 号

明月别枝惊鹊
MINGYUE BIEZHI JINGQUE

林默蕾　著

责任编辑	董立君
出版发行	南方出版社
邮政编码	570208
社　　址	海南省海口市和平大道 70 号
电　　话	0898-66160822
传　　真	0898-66160830
印　　刷	天津图文方嘉印刷有限公司
开　　本	787mm×1092mm 1/16
印　　张	13.5
字　　数	200 千字
版　　次	2020 年 7 月第 1 版
印　　次	2020 年 7 月第 1 次印刷
定　　价	49.00 元

序

    几年前，林默蕾所著作的散文集《心有猛虎，细嗅蔷薇》出版了。不久她开始跟我学习弹奏古琴。于是，我也就因此机缘读到了这本书。浏览书中的内容文字，我感觉她对中西文化的了解都比较地深入，比如她在自序中说："均衡并非一分为二，不偏不倚。均衡之中最完美的那一点，才是黄金分割的0.618处。"将不偏不倚的中庸观，和西方哲学美学的黄金分割论摆放在一起，饶有趣味，引人思考。其实在古代中国并没有黄金分割的理论和说法，但历代古琴琴器的上下部分的基本比例，基本在0.618这个位置。即琴腰的起始，基本在黄金分割处。这是我作为一个以琴为业的中国人，对黄金分割的认知。

    对于中国的传统文化，林默蕾非常了解并热爱，这不仅表现在她的文字上，也体现在文章的内容中。在了解和热爱的基础上，年龄不大的她，又有着丰富的阅历，而在这些阅历中，又包含了她对社会、人生的思考，

因而也衍生了对不同文化和人生的感悟。

2020年，默蕾的《明月别枝惊鹊》一书即将出版，另一本书《浮生》也即将付梓。《明月别枝惊鹊》这本书中有中国传统文艺作品的评述，也有西方的经典作品，以及东西方的生活片段。也许由于人生阅历不断增长的原因，在我看来，她对于不同文化的感悟正在向理解与赏析的角度转变着。而她对人生和社会的感悟亦浸润于她的赏析中。作为一个普通的读者，我认为，她的书是很成功的。

不同文化产生的根源，是由各自自然环境因素决定的。在人类生存环境日益趋同的今天，文化的相互影响有着必然性。中国历史在不同的阶段，文化各有差别和特点，人们对文化的认识和理解也各有差别和特点，说明文化在随时代的变化而变化发展着。今后，文化也会成为支撑人类社会存在和发展的基础。《明月别枝惊鹊》正是以文化为着眼点的一本著作。中国的文化源远流长，能有一个学生如此热爱中国的文化和文明，并且没有止步于单纯的热爱，我也很高兴。

我的这许多看法，不知道别人看过她的书后，是否有部分或全面的共鸣，或者如果能引人产生思考，我想也就足够了。

倪诗韵

倪诗韵：著名斫琴家，师从梅庵琴派国家级传承人王永昌先生，现为江苏省古琴艺术梅庵琴派代表传承人，中国传统文化促进会古琴文化艺术委员会副主任，中国民族管弦乐学会古琴专业委员会常务理事，中国昆曲古琴研究会理事，同济大学古琴研习基地主讲教授、古琴选修课程负责人，并被授予"古琴制作名师"和"中华木作大师"称号。

自序

玉兰花开

有一年我去欧洲旅行,在荷兰的凡高博物馆,看到了凡高笔下的《盛开的杏花》。1890年,那是凡高生命中最后的时光,他的小侄儿降生了,凡高在颓废、绝望和孤独中拿起了画笔,为自己亲爱的侄子画了这幅《盛开的杏花》:幽蓝的天空下,开得错落有致的白色杏花,有生命绽放时独有的宁静祥和。

我看过诸多的画作,也喜欢很多画。但是那一天,我驻足在《盛开的杏花》前很久,心情和画中的杏花一样,美丽祥和。当然,还是有人会说凡高的这幅杏花,近看依然充满着挣扎和绝望:"如果生活中不再有某种无限的、深刻的、真实的东西,我不再眷恋人间……"凡高如是说。

但是,大约风暴的中心总是最平静安宁的。我喜欢这幅画,在凡高挣扎痛楚的人生中,他依然能画出意境的宁静、悠远和生命的盛开,真是天才。

人生如逆旅,我亦是行人。所不同,我一直是个有着自己的"小千世界",丝毫不在意他人目光的人。我是个东西合璧的人,而父母祖籍又一南一北,所以无论东西、南北、刚柔,我依然能不疾不徐地按照自己的节奏生活,因此也有了更丰富的人生。

"明月别枝惊鹊",就像那些我在灵机中写下的文字,很自然地跳入了我的心里。那是我心里古中国最优美的意境,典雅、幽静、轻灵,想不出更多赞美的词句,实在是美。

文字再富有色彩和情感,总难以匹敌最直观的画面感。我喜欢凡高的《盛开的杏花》,因为那清幽的蓝天和白色的杏花,很像我儿时窗外的风景。但是用凡高的《盛开的杏花》做这本集子的封面,却很违和。究竟违和在哪里,我又说不清楚。

偶然的惊鸿一瞥,看到了袁运甫先生笔下的《玉兰花开》,疏落优雅的笔致,即使细看,依然是典雅、祥和、宁静。细致的白玉兰开得亭亭玉立,就像每年亚城的春天,我开车经过的家门前的小路两旁,都是一树又一树的玉兰花,一只美丽的小鹊振翅欲飞,静中之动,将飞未飞。

印度哲学家克里希那穆提曾经说:"即使周围所有的事情都瓦解崩塌,依然要感到内心深深的宁静,可能无法快乐,但是,内心很平和。"

生命就像一树的花朵，一面绽放，一面凋零。人生，是失去的过程。而失去，实在不是一个令人欣悦的过程。但是每一步，依然生机勃勃，即便是日落西山之前，也有残阳如血般的辉煌之感。

这大约就是我在《猛虎与蔷薇》中写过的人生境界吧："无意间邂逅的英国诗人西格夫里·萨松的诗句：'在我心中，有猛虎在细嗅蔷薇（In me the tiger sniffs the rose）'，是我心中完美的人生境界，带着优雅均衡的美感，可意会不可言传。猛虎与蔷薇，前者阳刚，后者阴柔。阴阳两极，刚柔相摩，是千变万化的大千世界。提笔写一个'人'字，一撇一捺，左右均衡，人才可以在天地间站稳。"

能画出这样境界的人，足以作为人生的知己。可惜先生已经仙去，辗转托朋友联系了袁先生的儿子，请求用这幅《玉兰花开》做封面。慷慨而爱才的小袁先生欣然允诺，只要求封面注明为袁运甫先生的画作即可。

真令人欣喜而感动。

很多人都说，要像鹤一样干干净净立于世，很难。这世上没有不泥泞的道路，没有不浑浊的水，傲世而立，难免要受伤。

"烂泥里生莲花。"然，莲花出污泥而不染。这就是阴与阳、清净与浊世最好的诠释吧。

仁者爱山，智者乐水。醉翁之意不在酒，在乎山水之间也。

我走遍世上每一条路，只为寻找灵魂中的星辰……

林默蕾

目录
Contents

爱上高马得 — 002

蛙声丨里出山泉 — 006

明月别枝惊鹊 — 010

千里江山唯少年 — 014

蒹葭 — 018

造化钟神秀 — 022

风中的新娘 — 026

翡冷翠 — 039

譬如朝露 — 044

物喜 — 048

长生 — 053

再贴《长物志》 — 057

画眉 — 061

065 – 小暑·微风至

068 – 独坐幽篁里

073 – 凤求凰

076 – 周郎顾

080 – 如歌的行板

082 – 巴赫屋顶上的月光

086 – 立春

091 – 别离歌

095 – 晚秋

099 – 青玉案

103 – 生查子

108 – 暂得金吾夜

112 – 阿跷的故事

116 – 咚咚锵

121 – 猛虎与蔷薇

128 – 一个人的烟火

131 – 谁的人生不琉璃

风花 — 134

生病的智慧 — 138

梨园春梦 — 143

桂花落 — 146

喜乐的曼达拉 — 149

深藏功与名 — 152

神话 — 156

蜀素帖 — 159

生活在别处 — 161

此去渺人烟 — 163

曾经的西贡 — 166

香云纱 — 169

相思始知海非深 — 172

八十八夜 — 176

灵地的缅想 — 181

对不起 我爱你 — 184

猫冬 — 192

半亩园 — 196

◇ 一

  高马得的画,真的是宝贝。

  水墨丹青,历来难有诙谐之气,但马得得心应手。数笔寥寥,浑然天成,墨团团里有了骨骼与神态,粉红柳绿配衬春意,《水漫金山》《武松打虎》《西厢记》与《牡丹亭》,都鲜活得要命。

——《爱上高马得》

爱上高马得

晚上和邻居在群里插科打诨,顺便贴高马得的《坐楼杀惜》和《戏叔》应景儿。

有人问:"你哪里来的这些宝贝?"

我笑眯眯地回答:"因为爱上高马得。"

高马得的画,真的是宝贝。

水墨丹青,历来难有诙谐之气,但马得得心应手。数笔寥寥,浑然天成,墨团团里有了骨骼与神态,桃红柳绿配衬春意,《水漫金山》

《武松打虎》《西厢记》与《牡丹亭》,都鲜活得要命。

马得姓高,1917年出生,因母亲属马,马年得子,故取名"马得"。这名字也透着欢喜劲儿。仿佛人生的一切喜怒哀怨,在马得这里都不是事儿,即使行到水穷处,亦可坐看云起时。

爱上高马得,要感谢邹小娟,她是高马得的知音。马得的画一看就让人心生欢喜,但我和邹小娟一样,爱的是画里那个诙谐、幽默又聪明的"马得自己"。

马得聪明、有趣,他总是将自己对戏中人物的喜好、评判、戏谑、调侃,画出来,这是他最独特的地方。印象深的有《戏叔》,画的是潘金莲调戏武松那出戏,千娇百媚的潘金莲倒也寻常,好玩的是武松,完全没有打虎时的凛凛威风,身子拉得格外长,斜着,僵着,不是戒备了,而是紧张和恐惧。画里能听到马得的笑声:老虎都打得,你怕什么?

马得说,有一次他去看《坐楼杀惜》,剧中的宋江,因为丢在小妾阎婆惜那里一个招文袋,被抓了把柄,阎婆惜威胁说要告他,宋江一怒之下将她杀了。他觉得戏演得好,回家三笔两笔就画了一幅《坐楼杀惜》,宋江身上泅出去的淡墨就像他的怒气从心底往上冒,又像是气得浑身直哆嗦。结果有人看了这幅画就想买,托了人来找马得。马得哈哈笑了,说:"我不明白,他费了那么大劲,要这幅画干什么?难道想以此激励自己去杀一个小女子吗?"

邹小娟说马得的机智与幽默,像水里的鱼,鲜活,不能离了水,做了案板上的鱼,就没有了那个味道。她写得生动,我看得起劲儿,马得的画果真如此,让你欢喜得很,这份欢喜里透着人生的趣味和真真切切的开心。

我看马得的画时，正值感冒加重得了肺炎，咳得满脸通红，炉子上扑扑地炖着热腾腾的冰糖雪梨，看到《坐楼杀惜》和《戏叔》，笑得连咳嗽都顾不上。冰糖雪梨的甜中和了生病的苦，佐以马得的幽默，可谓苦中作乐。

能如此写意人生的人，必定豁达、幽默且有大智。

譬如马得在手术中失了一只眼，他还能笑得出来："还好上天给我留了一只眼睛。"

我很佩服，心想，换作是我，肯定不会如此举重若轻。

马得一生并非事事顺利，但他既来之则安之，从不抱怨。即使是下放时的临时住所，也拾掇得井井有条，满是生活气息。

我喜欢艺术，也喜欢画。小时候最喜欢写意白描，略长后无画不欢，望女成凤的父母屡禁不止，但最后还是逼得我放弃绘画，只有欣赏别人的画解馋。看过很多画，甚至于最顶级大师的名画，但能让我开心得笑出来的，一个是老顽童黄永玉的画，另一个就是高马得的画。

马得画《人约黄昏后》，疏淡淡几株翠竹，着粉的小姐羞答答地坐在山石上，拿折扇的青衫公子不远不近，无须月上柳梢头，景儿就活了。配上马得草草几笔大字，本是情意绵绵的场景，却总让人忍不住笑出声来。

马得画中人物的五官都草草带过，武大郎用淡褐色抹个花脸儿，鼻梁上塌一块白，翘两撇胡，已经跃然纸上；白娘子责夫，只是水袖里露出纤纤玉指，那背影已然说不尽的委屈和凄然。

他的画，都是线描，但一笔下去，远近、透视、构图、色彩都有了。这种功力，我在吴冠中的画里也见过。但是吴老先生活得太认真，所以不如马得快乐洒脱。马得快乐，又顺便把这份快乐带给身边的人，所以他的夫人虽然包揽全部家事，却心甘情愿，一辈子开开心心。

黄裳老先生著有《纸上蹁跹》，数个戏曲小故事，手法白描，用了马得的画做插图。有个读者留言："像张爱玲说的，一个个戏曲故事里，透出同一种宇宙观，多么天真纯洁、光整的社会秩序，'文官执笔安天下，武将上马定乾坤'，思之却令人落泪。"

但我觉得，无论怎样的境界，只要有马得的画，就不会让人落泪："沧海一声笑，滔滔两岸潮，浮沉随浪只记今朝；苍生笑，不再寂寥，豪情仍在，痴痴笑笑……"

可惜马得已经仙去，虽然高寿九十，但到底遗憾，没有认识老爷子本人。好在有他的画，足以神交。

蛙声十里出山泉

　　小时候过年,家中客厅里挂了齐白石的四联画,那些画红红绿绿的,很热闹。我那时候不喜欢,觉得不清雅,太热闹。但若是一幅一幅仔细看,那真是"绝"笔。黄团团的小鸡雏,墨点的眼睛和喙,旁边是一只碧身白肚子的青蛙;红彤彤的大桃子,丰满得要滴出甜美的汁水,盛在粗墨笔勾勒的篮子里,还有翠油油的叶子;颗颗娇艳的樱桃是"女儿口色",搁在白底的陶瓷大碗里,真是让人垂涎。

　　我那时是个小孩,但是偏有着固执的"色彩和谐感",正如我始终不肯穿我娘亲配给我的水红袄子和宝石蓝裤子，并且很嫌弃这样的"乡气"搭配。所以，尽管着实很喜欢齐白石笔下那些生动的线条和颜色，我坚决认为这红红绿绿的，挂上一墙，实在是太"闹"，淹没了画中的趣意与精妙。

1956年，张大千去拜访毕加索，毕加索搬出一捆画来，临摹的都是齐白石的画。毕加索30岁前就画遍了西方绘画的各种流派，他肯临摹齐白石的画，应该不仅仅只是为了尝试毛笔画。惺惺相惜之中，西方绘画界中能看懂齐白石画中的红尘热闹和生命本色的人，恐怕也只有毕加索了。

齐白石的画好，但也有很多人不买账，他们觉得不够登大雅之堂。安思远嘴上说齐白石的画好，却不肯收藏。木匠出身的齐白石，其实到老才品咂出生活的味道，不是他少年时跟着师父做木匠，遇到级别高的木匠时要鞠躬让路时的卑微心情；也不是后来要取悦达官贵人才可以誉满京城的声名利禄。他是个心思细巧的人，甚至做雕花木工时硬是要把传统的花样改了去，理由是不符合意境。他曾经寄居的古庙里，每日数着太阳光等待时机的苦闷，远不如家乡丰收时一篮篮瓜菜令他魂牵梦萦。

汪曾祺老先生写"老舍"，顺带提到了齐白石：白石老人画《蛙声十里出山泉》，一脉活泼的流泉，两旁是乌黑的石崖，画的下端画了几只摆尾的蝌蚪。真是奇思妙想。老舍先生要齐白石画卷心的芭蕉，白石老人踌躇了许久不肯画，因为记不得芭蕉心是左旋还是右旋，不能胡画。

白石老人家人口很多，每天煮饭的米都是老人亲自量，用一个香烟罐头。"一下，两下，三下……行了！"——"再添一点，再添一点！"——"吃那么多呀！"

汪老爷子真是写活了一个人，我忍俊不禁。

心思虽然玲珑剔透，偏偏是装在世俗的身子里。

网上有人戏说白石老人的生平，寥寥几句戏谑："齐白石14岁做木匠，25岁兼职卖画，32岁开始学刻印，40岁时开始周游全国，53岁抛家舍业迁居北京，人生地不熟，操着一口湖南口音独闯京城。在北京，木匠成巨匠，83岁还生了孩子，85岁闹着续弦，92岁仍喜欢看年轻漂亮美眉，93岁临终那年吵着要与22岁小美眉结婚。"

白石老人成名后，求画者络绎不绝。他在家里贴好"润笔费"，画一只虾有一只虾的银子，若是客人钱不够，折中的办法是画藏起身子的半只虾。

齐白石大器晚成，年过半百还寄居庙里安身，焦躁却等不来命运的转机，刻印章糊口。他出身"糠菜半年粮"的穷人家，好不容易攒了点银子，又遭人妒忌，放出风来要绑票，他急忙忙地从家乡逃了出去，耗费多年才闯出了一片天地，怎能不对到手的丰富人生珍惜不已呢？

你看，齐白石明明有普通人的心肠，却有常人难及的妙思。都说他的虾画得最灵动，瓜果蔬菜最鲜活，但我却喜欢他笔下的贝叶、牵牛花和蝉。他86岁画的《贝叶知了图》，蝉翼精细如工笔，贝叶的脉络清晰分明。另一幅《贝叶草虫》，也是同样精细的功夫。

齐白石的花草瓜菜写意泼墨，但知了、蜻蜓、螳螂等小虫勾画得精细生动，栩栩如生。写意与工笔，粗细相间，却相映成趣。

他画过很多大红大绿的画，设色丰富，很是喜庆。大概是因为早年穷困的经历，五谷丰登、瓜菜满满的富足感，总能填满内心对衣食足的渴望。但是，他笔下的牵牛花，一抹幽蓝色，蝴蝶翩翩的兰草，亦是淡雅的蓝色，又是另一种格调。甚至是寥寥几笔勾勒的贝叶，精致疏淡，有着最自然的卷曲弧度，几乎乱真。

对于不太喜欢热闹的人来说，齐白石的画若是满满挂一墙，其实是不好看的。但是他总有质朴的乡土气息，古拙中总有盎然的生趣，难免想一幅幅收了去。撇去白石老人的年纪，他实在活得很热闹，也难怪85岁闹着续弦，93岁还要吵着娶22岁的姑娘，那总是要把年轻时没有活够的滋味，一并尝了，才算把心放到肚子里。

明月别枝惊鹊

　　我喜欢宋代的婉约素雅之美，但也欣赏盛唐的极度灿烂芳华。一如我喜欢明亮的色彩，朱红、明黄、绮绿，但同时更爱天青、幽蓝、淡墨。都说宋代是亡国隐忍的朝代，皆因它的帝王和臣子，过于耽美，以及贪恋美色。唐朝还有金戈铁马的豪情，到了宋代，仅剩下婉约精致和这些精致掩盖下的偏安怯弱。

　　是耶？非耶？

　　被金、辽、西夏屡屡侵犯的两宋，绵延300余年，最终没有抵过蒙古的铁蹄与强兵。这难道仅仅归咎于两宋的重文轻武，抑或是苟且偏安？

两宋同时代，成吉思汗的子孙横跨欧亚大陆，甚至连强盛的罗马帝国也身受重创。倘若不是蒙古的入侵，两宋文明确乎是中华文明最璀璨的光辉。宋徽宗赵佶的《写生珍禽图》在2002年的嘉德春拍中，拍出了2300万人民币的天价，创造了当时中国书画拍卖史的最高纪录。

黄宾虹曾经评述宋代山水："北宋画多浓墨，如行夜山，以沉着浑厚为宗，不事纤巧，自成大家。"但宋画即使用墨，墨也分浓淡五彩。看过宋徽宗的御笔丹青，意境、用色，以及看似漫不经心的构图与细节：蜡梅双禽，梅花绣眼，用笔疏朗，简洁清雅。

这便是宋人的意境：极致的美与自然的风雅，起源于一个帝王天生的美感和对美的追求。

公元1100年，哲宗病逝，徽宗继位，18岁的少年天子执政之初，自有祈愿与壮志。

"朝廷应救济孤儿、老人、寡妇。"这位年轻的君主如是说，温暖了一个王朝的记忆。

生活在一个用金钱换平安的王朝，他的天下之富足，除去给敌国的丰厚岁贡，依然能让他和他的臣民悠游度日。

善书工画，长于词赋，琴棋书画皆精通的宋徽宗，在北宋江山里浸润着他与生俱来的美感与才情，成为了画卷上空灵的水墨。

史上难出其右的北宋画院，古典园林之最的艮岳山水，雨过天青云破处，这般颜色做将来的汝窑，无不带着道家的清淡幽雅之美。唯有他笔下的行草正书，"笔法追劲，意度天成，非可以陈迹求也"。

字如其人，宋徽宗的瘦金体，偏偏铁画银钩，风骨出，如屈铁断金，并无柔弱怯懦之风。

他并非没有治国的手段与心胸，只是他的统治一如他想要缔造的帝国，柔美、谦和、含蓄、精致，却没有保护的屏障。

这世上走得最快最急的，总是最美的时光，而最容易消逝和被破坏的，也一定是美丽与祥和。展开张择端的《清明上河图》，这举世闻名的画卷，微妙地传达了国家的危机：繁华喧闹的汴梁城，没有守卫的士兵与将领，洞开的城门甚至可以长驱直入。

宋徽宗和北宋画院的画家，懂得枯木与残雪、冷梅与飞鸟的格调，甚至于缺憾之美，也别有韵致。他们喜欢在山川小景、人物花鸟中轻叩生命的价值，却独独忘记，一百三十多年来用金银换来的长治久安，终究会轰然倒塌。

靖康耻，犹未雪。徽、钦二宗与亲眷大臣被俘，临危称帝的宋高宗赵构一路南逃，几经周折，最终偏安于"山外青山楼外楼"的杭州。

北宋重文轻武，南宋之君拥有勇敢忠心的岳家军，却恐惧其"功高震主"，以十二道金牌召回岳飞，并以谋反罪处死。据说，岳飞直到临刑，依然沉默不语。曾经叱咤风云的将军垂泪受死：三十功名尘与土，八千里路云和月，换不来君王的真心与信任也就罢了，一腔热血空洒，死得冤枉。宋高宗起用岳飞之初的殷勤叮嘱与推心置腹，原来不过是一场戏。

一如北宋精致空灵的风雅与美，抵不过现实中敌人的铁蹄与贪欲；岳飞的赤胆忠心与尽忠报国，敌不过宋高宗的疑惧与私心。这疑惧与私心的代价，是自舍中原。宋朝中原地区千里无人烟。而后蒙古军队攻占长沙，岳麓书院的数百名书生全部壮烈战死。

南宋的版图愈发缩小，此后的南宋君王节节退逃，最终被困崖山。元朝水师火攻不成，以水师封锁海湾，又以陆军断绝宋军汲水及砍柴的道路。宋军十余日吃干粮，饮海水，士兵出现呕泻现象，最终全军覆灭，却无一人投降，十余万具尸体浮海，宋丞相陆秀夫身背八岁的幼主投海自尽。何其惨烈，又何其壮哉！

宋人的誓死不降与从容赴死，给宋徽宗当年埋下的轻灵之美，画上了一个血性的句号。

"醉里挑灯看剑，梦回吹角连营。八百里分麾下炙，五十弦翻塞外声，沙场秋点兵。"

谁又能说，宋朝的极致之美是亡国之因？两宋文明崇尚的是柔弱的力量？

蒋勋曾经说宋代的书法首推苏东坡的《寒食帖》，那是他跌了一大跤之后写出来的，是最自然的美。可是很多人会觉得丑，连苏东坡自己都说那是"石压蛤蟆体"。可是，我第一眼看《寒食帖》，就觉得光彩照人，毫无荒率之笔。不必等到蒋勋所说的成熟年纪才可欣赏。

我们，或许无法回到那个风雅的朝代。唯有在不经意间，邂逅一幅宋画，惊艳一方宋瓷，才能窥见那个灿烂文明的一角。

千里江山唯少年

我对于古画的兴趣总有些寥寥，但总有些令我惊叹的作品不经意中出现，譬如王希孟的《千里江山图》。王希孟少年入北宋画院，不久入中文书库，得宋徽宗赵佶慧眼识珠，亲授画技，十八岁挥毫成就《千里江山图》，于咫尺之间得千里之趣，画中烟波浩渺、群山巍峨的磅礴气概，至今无出其右者。

这种青绿山水，此后我亦在张大千的笔下领略过。但张大千笔迹娴熟，反多一分老成。王希孟少年风采，青翠夺人，可惜他英年早逝，作画不久便因病逝世。自此《千里江山图》成为孤卷，但每每回味，叹为观止。因爱才心切、亲授真传的宋徽宗，在我眼里，也格外添了一份亲切感。靖康耻，犹未雪。倘若他不是万人之上的帝王，只是一位集书法、绘画、园林之趣的艺术家，或许更妥当些。然而贵为天子的宋徽宗，竟也难掩爱才之意，多少令人有些温暖的感觉。千里江山，满川烟草，薰风淮楚。师徒之间的惺惺相惜，怕也如《千里江山图》一样，可遇而不可求。

有一位艺术家曾经说："早期文艺复兴的意思就非常像隋唐的画，一股子少年的稚气、秀气、灵气和英气。五代北宋的山水画，格局阔大，气势雄浑，用墨慢慢老熟，但是宫廷仍然热衷于青绿山水画。因为当时的青绿山水，也是一种歌功颂德，是主旋律题材。那么到了北宋，遇到像王希孟这样的天才，又少年了一下子，出人意表，光华灿烂。这难怪宋徽宗堪称奇迹，这么给他夸奖。因为他自己也是高明的画家，他知道，他画不出《千里江山图》。《千里江山图》的野心，远远超过隋唐的展子虔和李思训。王希孟沿袭的全景观是五代北宋开拓的图式，犹有过之。"

所幸，我看《千里江山图》的时候，并没有看过他人的点评，因而看王希孟的遗世之作，虽然相隔近千年，却仿佛天涯咫尺，并不觉得有距离感。甚至于，我在看《千里江山图》的时候，就已经知道作画之人是翩翩的少年，这种心灵之通，便是因为王希孟笔下的灵秀气质，只属于少年。这种灵秀之气，更因为师从帝王，多了一份清润的贵气。

在我眼里，宋徽宗不是一个野心勃勃的君主，他钟情轻灵毓秀的艺术气质，远胜于开拓疆土。倘若不是外族来犯，宋徽宗怕是会将这种清润的气质贯穿于整个王朝的统治。因此，他调教出来的弟子，无论才情、技巧、用色、构图都到极致了，却没有跃然纸上的野心。

二十米长的手卷，王希孟需要怎样的细致与眼光，才能将格局与细节都照顾得完美无瑕，或者并非得益于年轻，而是因为内心的沉静。这样的敷彩精细，却又于浓淡之中运笔生动，细毫之间乍现功底，远山近水，亭台楼阁，山村野市，点缀着轻舟飞鸟。而无论从构图、格局、比例与运笔，都堪称完美。

青绿山水始于唐，历经数代画家的发展传承，作画需要高深的水墨画功底。两宋时期形成了金碧山水、大青绿山水、小青绿山水三个门类。金碧山水富丽堂皇，以唐代李思训为最。李思训著色山水，金碧辉映，自成一家。大青绿山水多勾廓，皴笔少，灿烂明艳。小青绿山水则是以水墨淡彩为底子，薄施青绿，温蕴清秀。小青绿山水在元明清时期最为盛行，而后又成为近现代泼墨青绿山水的基础。王石谷曾说："凡设青绿，体要严重，气要轻清，得力全在渲晕，余于青绿法，静悟三十年始尽其妙。"

而王希孟年仅十八，徽宗亲授画艺不过半年，便能将青绿山水技巧运用得炉火纯青。怪不得那位看重王希孟的艺术家每次去故宫博物院看《千里江山图》，都要头抵在展柜玻璃前，看得像个"傻子"：

"通常，成年老熟的大师喜欢做减法，也就是所谓取舍和概括，可十八岁英年的王希孟呢，他是忙着做加法。人在十八岁的年纪，才会有这股子雄心和细心，一点不乱。不枝蔓，不繁杂，通篇贵气，清秀逼人。那就是他的天赋了。他降生在中国山水画的黄金时代，他在这黄金时代时只有十八岁。他在十八岁上，又有一个宋徽宗亲自调教。如此这般，我想他也闹不清是怎么画出这幅伟大的画卷的。十八岁干的事,多半是不自知的,他好也好在不自知。按西洋人的说法,那是上天让他干了这件事情。我们在想象中国古典画家的时候,想的都是白胡子老人。明清文人画,确立了山水画中的老人符号。晚清民初的黄宾虹、齐白石、张大千,又坐实了这类符号的单一想象。在《千里江山图》中,我分明看见一位美少年,他不可能老。他正好十八岁。长几岁、小几岁,都不会有《千里江山图》。"

有人把王希孟与同样少年得志的委拉斯凯兹做过对比。而我却觉得王希孟与济慈更接近。济慈没有像王希孟一样沐浴皇恩,而是贫病交加。但是济慈的文字与诗情,恰恰是连堂皇如太阳神的拜伦也不得不妒忌的。这样的天才,也只能早早被上天收去,免得在凡尘间堕落,沾染了世俗烟火气。

张择端的《清明上河图》固然有名,却恰恰沾了这世俗的烟火气,可得不朽;王希孟的青山碧水贵在清秀隽永,那是一个少年无染的眼底心中,无限美好的春光绿意与大好河山啊!

蒹葭

白露时节,露凝白,阴气沉,鸿雁来,玄鸟归。若是小雨清霏,哪里也不去,最适合在家里赏看《富春山居图》。前一段时间去台北故宫博物院,可是《富春山居图》并不在常展之列。随缘而来,随缘而去,也并不觉得遗憾。

现代科技有鬼斧神工之力,家里有一卷《富春山居图》的原作高仿真,即是原作的超精度扫描,几可乱真。

平林漠漠烟如织,寒山一带伤心碧,《富春山居图》实在太有名,但我每每看到这幅长卷，总觉得那是六百年前的黄公望和后人开的一个旷世玩笑。

黄公望画《富春山居图》时，年近八十岁，一直画到八十六岁。黄公望仕途受挫，四十多岁时遭遇牢狱之灾，出狱之后潜心修道，整日只摆个卦摊替人算命，颇为清苦，此后隐居到富春江畔，已是饱经人间沧桑事，却始圆融无碍。他五十岁师从书画大家赵孟頫，后者堪称中国画史上承上启下的巨擘。赵孟頫认为画"贵有古意"，提倡画家以"云山为师"，认为"不假丹青笔，何以写远愁"，对黄公望影响颇深。

黄公望画《富春山居图》时，已有数十年习画经验，于人生亦尝尽苦辣酸甜。他原本是个刚烈的人，翠竹过于刚直，便容易被摧折。好在挫折之下，总算参透人生，所以他人生的后期相当的洒脱宁静。曾将酒瓶以绳系于船尾随江漂流，待取酒之时，早已绳断瓶空，黄公望哈哈大笑，声震山谷。这里颇有"悟道"的意义，黄公望自此是否"脉解心开"不得而知，但是就心境来说，早已不复当初。

画卷一展，意境之幽远，笔触之老道，见微知著。无论笔力、构图、画风、意境，都无可挑剔。提及黄公望，我仍然不免想起画《千里江山图》的王希孟，十八岁的少年和八十岁老翁笔下的山水，是"青山碧水"与"蒹葭苍苍，白露为霜"的区别。王希孟的山水是少年眼中的天地，千里江山，满川烟草，薰风淮楚，但他的笔端精致，气度清贵。王希孟是天子门生，少年便得宋徽宗亲自指点，是"锦瑟年华谁与度"。黄公望阅尽人间繁华盛衰，一旦放下，挥洒自如，一笔一画皆是意在笔先。因此，《富春山居图》是水墨山水中透出来的"回首向来萧瑟处，也无风雨也无晴"。

黄公望在画序里说："至正七年。仆归富春山居。无用师偕往。暇日于南楼，授笔写成此卷。兴之所至，不觉亹亹。布置如许，逐旋填剳，阅三四载，未得完备，盖因留在山中，而云游在外故尔。今特取回行李中，早晚得暇，当为著笔。无用过虑有巧取豪夺者，俾先识卷末，庶使知其成就之难也。十年（公元1350年），青龙在庚寅，歇节前一日，大痴学人书于云间夏氏知止堂。"

他交待此画的背景：是在归隐富春山之后，为师弟郑樗（号无用道人）所画，得暇，授笔写成此卷。画画时心境颇为恬静自在，因此"兴之所至，不觉亹亹"。但由于经常云游，所以特别取了这画随身携带，早晚有空便画几笔。

黄公望这幅画画得悠闲，但他的师弟无用师却断言这幅画太过精妙，将来必"有巧取豪夺者"，不幸一语成谶。《富春山居图》自元及明，落于明朝画家兼收藏家沈周之手，沈周请人重新装裱此画，却被装裱者私藏后伪称画已丢失。盗画者高价将画卖给当朝的高官樊舜举，后者偏又请沈周一同共赏，沈周无可奈何，只好根据记忆重新临《富春山居图》。后来《富春山居图》辗转数人之手，又落入吴问卿之手。吴问卿爱此画成痴，四十余年藏画于枕边，国破家亡时抛却一切金银细软，仅携此画逃亡。吴问卿临终前，欲将此画焚毁，幸亏他的侄子从火中抢出，但画面已经有部分烧毁，分为两部分，其中一半就是后来浙江博物馆所藏的《剩山图》，另一半《无用师卷》则藏于台北故宫博物院。乾隆皇帝听说《富春山居图》盛名，为得此画，四处搜寻，最终却把一幅赝品《子明卷》当作真迹爱不释手，在整幅画上题写五十多首诗，时常随身携带把玩。直到真正的《富春山居图》现身，乾隆皇帝仍然认为《子明卷》才是真品，所以真正的《富春山居图》才逃脱了被密密麻麻题诗毁掉空灵悠远之意境的厄运。

黄公望和他的师弟在预测此画必遭"巧取豪夺者"的时候,是否也同样预知认假作真往往是人类本性?但真迹因被冠以"伪品"而最终流传千古,是否又是另一种的风云际遇?贵为天子的乾隆,在绘画艺术方面的鉴赏之力原来只是徒有虚名,而周遭的明眼人却又不敢实话实说。为了证明自己的正确性,乾隆还命臣子梁诗正在真正的《富春山居图》上题注此画为赝品,梁诗正战战兢兢从了圣意,却暗留了一个伏笔,自称老眼昏花,不辨事物。

黄公望画《富春山居图》用了数年的时间,他的笔下有四季的更替,动静的细微,而摹本《子明卷》无疑难以望其项背。乾隆将真迹当作伪品,更多的还是因为自己的那五十多首题诗吧。这真是个天大的笑话,对于面子的看重,上至君王,下及百姓,都难以逃脱这样愚蠢的定式。黄公望若是泉下有知,不知是否会同看到绳断瓶空一样仰天大笑,再次声震山谷。命运的棋局之诡异,岂不妙哉?因"无用"才得以长生,因被冠以"伪品"才逃脱被涂鸦的命运,这便是大道无常吧。

"蒹葭苍苍,白露为霜。"意境的苍茫与峻拔不言而喻了。但彼时信手闲庭的黄公望,大概总有"宁微如蒹葭,勿心为形役"的心思在里面吧。

造化钟神秀

　　杜甫写过一首《望岳》,其中有一句"造化钟神秀,阴阳割昏晓",意思是说大自然聚集的景色钟灵神秀,难出其右。而能够将自然界的景致与色彩甚至于声音记录下来的艺术家,应该是上天的宠儿吧。

　　有人说:"上天,总是给那些个性要强的人,特别的磨难。"也许这种臆测,只是人类自我安慰的低语,因为谁也不能明了磨难与才华的关系。但是,命运总有特别的安排,就像倔强的灵魂,总有那些谦卑软弱的灵魂所欠缺的探索勇气，和即使身陷困境也不愿意放弃心灵的力量。

迷信的人总以为，这世界上任何喜悦和苦难，仿佛和上天有关，其实哪里和上天有关呢。假使上天真的存在，所关心的事也绝不是人所追求的声、名、利、禄。自然界有最美妙的声音和色彩，比如，夜莺的歌唱，风吹过树林的声音，海浪拍打堤岸的涛声，还有落在窗上、芭蕉叶上、屋顶上的雨声；晚霞那赤橙黄绿青蓝紫的颜色，朝阳的光芒，鲜花的绽放，云朵轻轻飘过，幽明的夜空，和夜空点缀着点点繁星。假如你碰巧需要向看不见这世界五彩的人描述颜色：蓝色，就像春天的风吹拂脸颊，也像海一望无际的浩渺；褐色，像橡树的树干一样有些粗糙；红色，有火的热度和温暖；粉色，是花瓣在指尖温柔的触感……

由此，这个世界上总有另一种人，仿佛是命运的宠儿，他们才华横溢，为的是让被各种贪欲蒙蔽了眼睛的人类，感受一下造化钟神秀：自然、绘画、音乐、文字、雕塑以及一切与美有关的事物。而我，在人生的旅途上，无论喜怒哀愁，邂逅这些仿佛只属于天堂的美丽之时，总能因为心境的不同，而产生不同的共鸣。

能感觉、欣赏，并记录这些美感，我以为，是人生最丰富的资粮。

懵懂未知人事的时候，我便喜欢色彩，明净清亮的颜色，仿佛昭示着浩渺无边的世界，神奇而充满吸引力：明暗、体积、色彩、位置、形状、远近、动静，都会带来不同的色彩和风景。以至于后来我爱上绘画的艺术，无论是东方绘画以流畅的线条和轻灵的笔墨点化出来的神韵，还是西方油画中包含了构图、透视、角度和明暗的渲染；

那些隐约在薄纱下的肌肤、笼罩在雾霭中的风景、柔美悦目的田园、惊涛拍岸的风暴……无论怎样的风景，都好像是天使的面庞一样充满和谐之美。

杰出的画家会用作品告诉你，透明的光线会让色彩生气勃勃，好像我们经过一夜的休眠，早晨起来看到绚丽的朝霞一般充满生机和愉悦；黑色在阴影中最美，而白色在光线下最生动。譬如欣赏落雪，在天空的映衬下，雪的颜色是黑色的，但是如果从暗影深沉的窗口看出去，雪的颜色则洁白无瑕。粗糙而无序的石块，更能对比草叶和树叶闪耀光泽的绿色。

除了绘画，这世界还有更多的地方昭显色彩的美：比如，细致的青瓷柔和地闪着幽光；绚丽的粉彩在光影下有别样的生动；室内绿色的墙壁，可以映衬出物体最美丽端庄的亮青色；纹络粗糙的亚麻可以突出模特儿细腻白皙的肌肤；将铜绿与番红花和芦荟油混合，可以调出最鲜艳的绿色。

我总是调侃好的色彩感，就像白先勇笔下的伊雪艳，在小店里可以挑出最登样的绣花鞋。中国的刺绣，只适合用牡丹亭里的唱词来形容："看那姹紫嫣红开遍，却是赏心悦目谁家院。"可是，若要绣出最美的颜色和图案，必须还是要用真正的丝线。丝线蕴含的自然光泽，可以将颜色之间的过渡发挥到极致。

肉眼能将所见物体的外形最准确地传于心灵，从这些形状之中诞生甘美协调而又愉悦感官的和谐，正如同比例优美的和声给予人听觉的快感一样。

然而，单凭视觉，或者说仅仅通过眼睛，是无法感受色彩给予人那种强烈的心灵感应的。也只有经历过人生苦楚而依然没有放弃追寻美感的心灵,才能更深切地感触天赋一般的色彩之美,那是"最微小的花朵也能给予我泪水所不能的一种深思"。

风中的新娘

在举世闻名的瑞士巴塞尔美术馆，透过层层的长廊，惊鸿一瞥之时，会看到被巧妙地展示在长廊尽头的《风中的新娘》(The Bride of the Wind)。这幅画高两米，宽两米，即使远远眺望，无论笔触、构图还是色彩，都十分震撼，堪称二十世纪表现主义的杰作。

奥斯卡·柯克西卡（Oskar Kokoschka）说："《风中的新娘》描绘的是我和我曾经狂热地爱过的女人在海上躲避风暴的情景。"

"冠盖满京华，斯人独憔悴。"晚年的奥斯卡·柯克西卡是否已经释怀曾经惊世骇俗的热恋所带来的痛楚,不得而知。"爱情,是生长在绝壁悬崖边缘上的花朵。要想摘取,必须具备勇气。"而艺术家敏感又脆弱的心灵,往往需要爱与激情、狂欢与痛楚的滋养,才能开出最惊世的花朵。

奥斯卡·柯克西卡出身寒门,父亲是处于社会底层的一位金匠。三岁时父亲破产,贫困在他成长的岁月里如影随形。孩提时代,他始终随着父母颠沛流离,却在上中学时喜欢上艺术与文学。不久他报考了维也纳工艺美术学院,并在153位候选人中脱颖而出,是仅被录取的三位学生之一。

彼时的维也纳,洋溢着生机勃勃的艺术气息,是极富有创造力与生命力的世界艺术和文化中心。而维也纳工艺美术学院则深受号称与"传统美学与学院派"决裂的维也纳分离派(Vienna Secession)的影响。在维也纳工艺美术学院学习的五年中,柯克西卡形成了最初的艺术风格,年纪轻轻便在先锋艺术圈里声名鹊起。他时而叛逆,时而温文尔雅,敏感易伤却又疏离的气质,确立了他独特的艺术语言。

奥斯卡·柯克西卡钟情于描画人物和创作大型作品,早期的作品主要是孩童肖像。但是由于缺乏正规的绘画基础训练,柯克西卡在创作时并没有按照传统的绘画技巧和艺术,他笔下的儿童们不但形体怪异,而且空洞没有生命力。他在1909年举办了第二场个人画展。展出的代表作《玩耍的孩子》(Children Playing)引起了社会舆论的一致批评。"相比古典画家和最激进的现代派画家,柯克西卡描绘的儿童表现出了前所未有的颓态:扭曲的四肢,空洞的神情,像是断线坠落的木偶在摆弄此生最后的身姿。"但是柯克西卡却说:"人不是静物。"他所探寻的是展现人物内心与灵魂的艺术,而不是绘制"精美动人"的肖像。

你看,柯克西卡便是如此愤世嫉俗,我行我素,毫不妥协。于艺术如此,于爱情,更是如此。

命运翻云覆雨,将他推进了一场旷世之恋的旋涡。1912年的冬天,柯克西卡受邀去给阿尔玛·马勒(Alma Mahler)绘画肖像,却不知命运诡异莫测的微笑后面,藏着甜蜜又致命的一见钟情。在那里,他遇到了阿尔玛·马勒,也是奥地利著名作曲家古斯塔夫·马勒(Gustav Mahler)的遗孀。

阿尔玛·马勒美丽,性感,明眸善睐,却轻浮多情,最擅长收获才子心。美国歌曲家汤姆·莱勒(Tom Lehrer)写过一首小调《阿尔玛》(*Alma*),足以见证阿尔玛的风采:

维也纳最美丽又最精明的女孩名叫阿尔玛。(The loveliest girl in Vienna was Alma, the smartest as well.)

只要惊鸿一瞥,你就会堕入她的情网,在劫难逃。(Once you picked her up on your antenna, you'd never be free of her spell.)

阿尔玛年长柯克西卡7岁,出身高贵,风姿绰约,又深谙挑逗之术。在柯克西卡之前,阿尔玛早已是上流社会与艺术文化圈中的名媛。似乎生来就是天才艺术家们的缪斯与克星,她爱他们的才华,却难以长久维持这份热爱。她的亡夫是著名作曲家、指挥家古斯塔夫·马勒,第二任丈夫是在她与马勒保有婚姻关系时出轨的著名建筑家瓦尔特·格罗皮乌斯,第三任丈夫则是作家弗朗茨·韦尔弗。除此之外,阿尔玛的初恋是维也纳分离派创始人古斯塔夫·克里姆特,21岁时,她与作曲家亚历山大·冯·哲林斯基恋爱。她诸多的情人,横跨音乐、建筑、诗歌和文学各个领域。她是他们的缪斯，却永远知道什么时候放手追逐新欢。

与其说阿尔玛凭借美丽征服这些才华横溢的男人，不如说她具有平常女子难得的风情万种。她的爱人总觉得她填补了他们最需要的精神共鸣，以及肉体上的欢愉。阿尔玛曾经在她的第一本自传中轻描淡写地说："我那张脸，大约在年轻的时候，还算得上是好看的吧。"

她在与马勒的婚姻中曾经试图做一个好妻子，但是与年长她20岁的马勒似乎总有难以逾越的鸿沟，以至于她在女儿染病去世后几乎崩溃，在此时恰好遇到了年轻英俊的瓦尔特·格罗皮乌斯。后者对她温柔呵护，填补了马勒的控制与束缚给她带来的不快。虽然这段恋情因马勒知情后而暂时中断，却如熊熊的烈火，以至于他们无法控制地一次次幽会，而马勒至死仍然难忘背叛的痛苦。1911年5月18日，马勒因病去世。他在最后的手稿上留下："只有你知道这意味着什么！别了！我的音乐！别了！别了！别了！""我为你而活！也为你而死！阿尔玛！"

柯克西卡曾经如是描述他与阿尔玛的差异："我年少无知，恰似不撞南墙不回头的初生牛犊，而阿尔玛30岁，生来富贵，总有男人拜倒在她的石榴裙下。(I was an immature youth with a tendency to run full tilt at the brick walls, and she a woman of 30, accustomed to luxury and always surrounded by men.)"

曾经用剃光头来抗议维也纳上流社会的柯克西卡，初见阿尔玛：她优雅、丰润、落落大方，以及她身处的那种雍容高贵，与他格格不入，却恰恰打动了他的心。原来，人最抗拒的往往是最向往的。为了解除初见的尴尬，阿尔玛为他弹奏了一曲瓦格纳的《爱之死》。美妙动人又忧伤的琴声，催发了热爱的种子。

阿尔玛写道："他（柯克西卡）带来几张毛糙的画纸来作画。过了一会儿，我告诉他，我不习惯被盯着让他画像，所以我要求在他画的时候弹弹钢琴。他开始绘画，却总是咳嗽，并悄悄把沾有血迹的手帕藏起来。他的鞋子裂了口，外衣也破旧不堪。我们并无交流，但他仍然无法着笔……然后，他停了下来，突然猛地抱住了我。我觉得这种拥抱很奇特……我没有明确的反应，但即使这样看似的无动于衷也已经使他触动……他急忙冲了出去，不到一小时，就有一封最美妙的求爱信在我手里了。"

曾经有人不无嘲讽地说阿尔玛睡过的男人就像一部艺术史，她以独特的方式干涉了"艺术"，而所有的男人，都不过是阿尔玛的过客。柯克西卡也是其中的过客，对这些他都心知肚明，但他还是坠入了情网。

或许是背俗的情爱令他们爱得热烈，缠绵，却又充满挣扎与妒忌。在此后的三年中，柯克西卡给阿尔玛写了四百多封情书，并为阿尔玛画了数百幅肖像。他有了阿尔玛以后，就只画这一个女人——阿尔玛，要么裸体，要么披头散发，有时候他还嫌弃用笔画太慢，直接用左手当调色盘，右手手指做画笔，用指甲来刮擦线条。有时候他画自己与阿尔玛"执子之手，与子相拥"。并且将这些画作展示，颇令阿尔玛的旧爱们心碎不已。他敏感、善妒、疑心重重且带着强烈的占有欲，甚至会在离开阿尔玛后躲在楼下等待数小时，以确定他走后没有其他的情人来访。

阿尔玛·马勒说："我从来没有经受过这么紧张的束缚，这么惨痛的地狱，这么极乐的天堂。"

强调表现艺术家的主观感情和自我感受的表现主义艺术，往往在具体画作上以对客观事物形态的夸张、变形乃至怪诞处理的方式，来发泄内心的情感与苦闷。在遇到阿尔玛之前，柯克西卡常常将生活中痛苦的病态揭示得淋漓尽致，那些充满复杂的变态心理的、具有精神创伤的面孔，被他刻画得入木三分。他的绘画往往是纷杂、扭曲与变形的。但是与阿尔玛的相爱，一扫他作品中的痛苦和迷惘感，画中的阿尔玛嫣然浅笑，抑或是两人亲密相拥，也更具有色彩感，张扬，狂放，骚动，令人无暇旁骛。

悬殊的出身，加上个性的冲突，使得柯克西卡与阿尔玛的爱情从最初就以一种"互虐"的形式存在，而在这场理性与感性纠葛的爱情里，相对理性与现实的阿尔玛占据了感情的主导。他们相爱不久，1912年10月，阿尔玛发现自己怀有身孕，柯克西卡欣喜若狂，盼着终有一天能与阿尔玛喜结连理。但是阿尔玛偷偷堕了胎。柯克西卡或许终生也无法原谅这样的背叛。此时他的作品又回归了原来的痛楚、苦闷的风格。此后，他常常与阿尔玛同住同行，却并不常伴枕侧。他先后绘制了七幅画扇作为礼物送给阿尔玛，其中的第三幅正好描绘了他们去那不勒斯度假的情景。这幅画扇就是后来《风中的新娘》的蓝本。

阿尔玛对柯克西卡说："如果你能创作出一幅真正的杰作，我就嫁给你。"

柯克西卡信以为真，以极大的热情与专注来创作，甚至将整个画室都涂成黑色。在这样阴郁的画室里，他创作了《风中的新娘》，画面上的一对爱人正是柯克西卡和阿尔玛，忧郁又狂乱的深蓝色与灰色像巨大的旋涡风暴，将他们重重包围。画中的男子紧张、忧郁、痛苦又绝望,双手紧握,而躺在他身旁的爱人却浑然不知地沉睡,面目安详。

柯克西卡相信"预兆"与"预感",在最初的草稿中,他所勾勒的是感情坚定的爱侣,耳鬓厮磨、鼻息相熏、十指紧握,但渐渐地,他开始画出心中真实的爱情,他是那个绝望地看着爱人逐渐离去却又无能为力的男子。画中人似乎刚刚沉浸于情欲,却充满疏离。柯克西卡采用不同的笔触来描绘自己和阿尔玛。他用短促有力又混乱的笔触描绘自己,睁大的双眼,绝望痛苦的神情,紧张又忧郁的身体,甚至于看上去像尸体一样死气沉沉,却用柔和,带着微微光泽的明亮色彩来描画阿尔玛,安详、满足、柔美,充满古典主义的艺术之美。

柯克西卡是反对传统艺术之美的,但是他笔下的阿尔玛,却代表着传统艺术之美的极致。他反对那个将他拒之门外的阶层,抗议精美的艺术,但是高贵又充满魅力的阿尔玛却恰恰是他的阿喀琉斯之踵,代表着他渴望拥有的爱情、艺术与生活。

在《风中的新娘》里,柯克西卡用表现主义风格来刻画自己,而对他的爱人阿尔玛则采用了传统的艺术风格。后者最终无法与他真正的相融,这种情爱上的分裂,也是传统艺术与现代艺术的分裂。

但这仍然不是他最深层的情感。实际上,柯克西卡尽管将自己描绘成爱情的牺牲品,却始终视自己为阿尔玛的保护者。在整个画面里,他都用尽力气保护着身边的爱人,不受风暴的侵袭。柯克西卡将自己定位成"阿尔玛"的保护者,他的表情孤独,痛苦,绝望,但是却将有力的双手和身体紧紧凝结在一起,似乎在抗拒风暴的侵袭与肆虐，随时准备保护爱人与他们的爱情。这大约也是每一位现代艺术家内心中真正的冲动与希望。他们希望借助非传统艺术的表现形式，来表达他们对艺术真正的热爱、保护与珍惜。

对柯克西卡而言，阿尔玛是他狂热深爱的女人，是他的缪斯女神，也是他向往的艺术之巅，但也象征理想与现实最终的分裂。他甚至在最后修改了画面最初设计的主调色彩：代表生命、活力、激情与爱意的红色，最终演化成冷色又沉郁的蓝色，夹杂着深浅不一的灰色，好像炽热燃烧过的炉火，仅剩下微明的灰烬。

1913年他给阿尔玛写信。

深夜长久埋头于红色画作《风中的新娘》初稿之后：

我内心最深爱的阿尔玛：

把这封信放进你的口袋，带在身边，这样你就可以随时抽出来看。这就是我的这枚戒指所代表的请求，请你像对待这枚戒指一样，把这封信贴身带着吧。

我要让你做我的妻子，否则我将悲惨地失掉所有的天赋。你必须在夜里像魔药一般给我活力，我对此确信不疑，事实就是这样。一旦没有任何旁观者和令人迷惑的东西横亘在我们之间，每当我们相互信任彼此并敞开心扉，一种奇妙的颤动便会掠过我的内心。

而当我们靠得更近，变得更为亲密，一切就显得更加美好，更加柔情脉脉。因为你所知晓的，你所相信的，以及你所热爱的，在内心深处全都与我那么契合！

…………

阿尔玛，相信我！不要依照那些庸常无知的人的理智和习俗行事，他们不能想象我们有多么卓越，多么能干。你就是那个女人，我则是那个艺术家,我们互相需要,互相渴望,只有这样,我们的命运才能实现自己的使命,在坚定的,但被困惑占据的意志驱动下,通过越来越清晰的方式,来唤回我们的渴求和满足。(不然的话,当我们互不相见的时候,就不会因为两个相对的意志间的撕扯和分裂而如此煎熬。)其他任何人都无法评判,我们自己的思虑也不足以判断,我们只能去做,遵从我们内心的声音去做。

你的到来,让我与所有无关紧要的事脱离了关系,这样我就可以完全投身于创作。我今天仔细看了那张红色的画作,你让我变得多么强,如果这种力量可以持续下去,我可以成为什么样的人!你让一个无用的人获得了生命,你成了我的主宰,我还会一直这么困窘下去吗?

阿尔玛,你有时间好好思考!不要忽略你自己的心声,你是我的灵魂!

你的奥斯卡

相比他画在扇面上的前作,《风中的新娘》画面更为琐细,色彩极为炫目,但却像一面碎了的镜子,再也无法重圆。这种对比强烈,充满震撼的构图、色彩与笔触,所呈现的复杂、阴郁又明亮的情感,代表着柯克西卡一生的伤痛与无法融合的矛盾。

起初,柯克西卡以瓦格纳笔下的一对恋人"特里斯坦和伊索尔德"命名这幅画。诗人乔治·德拉克看到这幅画作时,赋诗一首《夜》,赠予柯克西卡。在这首诗中,他用了一个词"windsbraut",在德文中的意思是"风中的新娘"。柯克西卡深受触动,遂将画作更名为《风中的新娘》。

柯克西卡在1913年的12月完成了这幅《风中的新娘》。他对阿尔玛说："看，在风暴里，我们紧紧相拥，永远相爱。"

但是，阿尔玛没有兑现她的诺言。她开始和老情人暗通款曲，并以无法继续与柯克西卡这样狂虐的爱情的理由将他拒之门外。或者阿尔玛从一开始，就没有当柯克西卡是真正的爱人，她爱他的理由，大约也只是另一种新奇罢了。

柯克西卡却无法轻易抽身而去，阿尔玛堕掉了他们的孩子以及对爱情的背叛令他陷入了巨大的痛苦深渊。他在1913年初画了一幅素描，在画中散发着纯洁光辉的阿尔玛，从长裙下将婴儿拿走，此时柯克西卡始终不知阿尔玛堕胎的真相，他一直以为孩子是自然流产。但是当他最终获知阿尔玛主动堕胎之后，他重新画了《兔子和丘比特的静物画》(*Still Life with Putto and Rabbit*)，阿尔玛在他的笔下成了自私残酷的狸猫。因为阿尔玛带给他的深痛巨创，他在另一幅素描中将自己比作伊拉斯谟，"忍受着阿尔玛将其肠子从肚皮里用绞轮拉出来的刑罚"。

恰逢此时，奥地利斐迪南大公在萨拉热窝被刺身亡。为了逃避爱情带来的折磨与痛苦，柯克西卡应征入伍。因为没有钱筹备军服与战马，他卖掉了象征他与阿尔玛永恒结合的《风中的新娘》。

在1915年正式加入第十五游骑兵团之前，柯克西卡创作了《游侠》(*Knight Errant*)，在画中他身披铠甲，却伤痕累累地在与死神做最后的挣扎，周围狂风肆虐，布满了死神的气息。画面的右侧是希腊神话里的斯芬克斯（人面狮身）。在希腊神话里，斯芬克斯是代表雌性的邪恶之物，象征着神的惩罚。斯芬克斯守候在忒拜城附近的悬崖上，拦住过往的路人，用缪斯女神所传授的谜语问他们："什么动物早晨用四条腿走路，中午用两条腿走路，晚上用三条腿走路？腿最多的时候，也正是他走路最慢，体力最弱的时候。"猜不出的人就会被吃掉。年轻的希腊人俄狄浦斯答出了谜底："人。"早上、中午、晚上分别比喻人的幼年、中年、老年。斯芬克斯因而跳崖自杀（一说被俄狄浦斯所杀）。据阿波罗多洛斯所述，斯芬克斯是厄喀德那同她的儿子双头犬奥特休斯所生。斯芬克斯的人面象征着智慧和知识。而斯芬克斯之谜在更深层次地表现为"恐惧和诱惑"，即"现实生活"。

而"斯芬克斯（Sphinx）"源自希腊语"Sphiggein"，意思是"拉紧"，因为希腊人把斯芬克斯想象成一个会扼人致死的怪物。柯克西卡觉得自己仿佛正被阿尔玛紧紧扼死。在柯克西卡看来，阿尔玛仿佛是仙女，是缪斯，是邪恶的狸猫，又是残忍的斯芬克斯。理想中的美丽智慧和现实的恐惧、诱惑交织在一起，他被这样的分裂几乎折磨得不成人形。

他在给阿尔玛的信中写道："生命的气息悸动着，退缩与入侵交替，极乐与悲哀并存。我应该把它挡在我的胸膛之外，好在与我那正在远去的小爱人告别之时，为自己的灵魂保留了一个平静的世界。你走过了魔法之桥，我却绝望地留在原地，立在自我背叛的晦暗阴影中。

……我的心就仿佛被捏紧了一般痛苦，我不禁开始回想关于你的一切，那些我熟悉的、难以言说的事情。我瘫软地陷在哀痛中，透过匮乏望向光亮，荡漾在美景之中，透过泪光向远处眺望，因光明而心怀喜悦……每个清晨的到来，仿佛都是一次复活。在一个我的心可以愉快交流的国度，我一次又一次地重生。或许，当我在练兵场值夜班的时候，那初升的太阳，那团急促上升的小小玫红色，用它的光芒影响了我，因为在通往你家的方向，阳光永远都不会熄灭，一直到整个世界都亮起来……我爱你,我守护你。由此你才知道,你是谁,你身处何处。我们自己并不知道界限在哪里。"

柯克西卡奔赴前线,并身受重伤,但他却顽强地没有屈从死神的安排,两年后死里逃生回到维也纳。但,物是人非。阿尔玛早已嫁作他人妇。此人便是她的旧爱,瓦尔特·格罗皮乌斯。而阿尔玛嫁给他的理由听来也颇为荒诞:"我只是想看看两个漂亮人的结合,究竟能生出怎样漂亮的小人儿来。"

柯克西卡痛不欲生,却无法挽回。他的阿尔玛已经不在,他的缪斯也已不在。他与阿尔玛的禁忌之爱足以惊世骇俗,然而更惊世骇俗的是他找到名匠汉弥尔·慕斯定制了一个阿尔玛的等身玩偶。他买通维也纳的裁缝拿到了阿尔玛最详尽的身体尺寸,写了无数的信并加上草图给慕斯,不厌其烦地描述所有的要求,包括睫毛的形态,牙齿、鼻子以及肌肤的触感。他甚至要求:"从感受玩偶的肌肉与皮肤下的血脉跳动之时,突然过渡到柔软如天鹅绒一般的肌肤。"

不堪其扰的慕斯报复性地用羔羊毛皮缝制玩偶,像北极熊一样毛扎扎的。这个最终完成的玩偶却让柯克西卡大失所望,甚至惊骇不已。但是柯克西卡却仍然购买最昂贵的服饰,并请来女仆专门服侍他的"阿尔玛"。并带"她"出席各种酒席宴会。他依然当"她"是他的缪斯,是他的阿尔玛,却再也无法在笔端焕发出生机勃勃的灵感。最后,柯克西卡开了一场派对,在众目睽睽之下将玩偶丢弃,结束了这场令他自己都匪夷所思的闹剧:"就这样,那天我'杀死'了阿尔玛。"

解脱之后的柯克西卡此后漂泊无定,云游四方,他的画作被纳粹当作不值钱却能卖钱的垃圾卖给了巴塞尔美术博物馆。70多年来,这幅因为爱情与背弃所纠缠的画作，始终就像黑夜中的瑰宝一样，熠熠闪光。

柯克西卡成为现代表现主义艺术大师，但是他的心中仍然保持着对阿尔玛最初也最强烈的爱意。岁月匆匆而过，阿尔玛早已风华不再。他们偶尔会通信，像老朋友一样叙叙旧。阿尔玛去世前住的公寓里，摆放着《风中的新娘》的小型复制版。

柯克西卡在1949年写信给阿尔玛：

"我亲爱的阿尔玛！

你仍旧像一个狂野的受宠爱的孩子，就和当年一样。记得那次你突然就被《特里斯坦和伊索尔德》吸引住了，抓起一支羽毛笔在日记本里奋笔疾书，用难以辨认的飞舞着的字迹涂写关于尼采的评论。那些字迹只有我能解读，因为只有我才熟悉你的节奏……"

人生若只如初见，何事秋风悲画扇！

翡冷翠

我在春寒料峭的二月来到意大利的"翡冷翠"。即使在这样灰冷的季节,镜头里的"翡冷翠"依然有着层次最丰富的色彩。意大利语"Firenze",英译名"Florence",有一个中规中矩的中文译名"佛罗伦萨",却沉淀了最光彩夺目的艺术人文气息。有一天,被徐志摩译为"翡冷翠",才实至名归。

翡冷翠,碧色如烟,冷冷似翠,仿佛剔透的冰种翡翠一样旖旎流彩,滴露玲珑。但是"Firenze"真实的含义却是"百花之城"。虽然没有在阳光明媚的季节来拜访翡冷翠，但这里的冬天的确带着些"波上寒烟翠"的清寒。这座小城，古老、悠久，中央火车站总是人头攒动，挤满游客。想要领略翡冷翠独特的气质，必须是悠闲地踱步。

翡冷翠的街道总是夹在两侧的楼群之间，无论从哪个角度回头望去，都别有一种幽远的古韵。踏在磨得发亮的古砖上，足音在宁静的小巷里轻响，和青苔覆盖下的江南小巷别有不同的味道。如果是微雨，在游人稀少的地方，总有一种恍如隔世的感觉：彼时，彼刻，也曾经在另一个时空里来过这里。

翡冷翠有举世闻名的百花大教堂（Basilica di Santa Maria del Fiore），这座精美的大教堂用来自卡拉拉的白色大理石、玛蕾马的粉色大理石以及普拉托的淡绿色大理石拼镶墙面，装饰着美轮美奂的穹顶。

这座15世纪初完成的建筑在肃穆中散发着柔美精致的气息，穹顶上面装饰着乔尔乔·瓦萨里的名画。瓦萨里曾经师从米开朗基罗，在画中展现了精湛的湿壁画技巧。他的画作构图紧密，人物塑画极具戏剧性。这巨幅的穹顶壁画耗费了瓦萨里六年的心血，直到他溘然辞世也没有完成。瓦萨里编写的《艺苑名人传》洋洋洒洒长达百万字，将14至16世纪之间的艺术风格归纳总结，将彼时艺术人文的兴盛时期正式标记为"文艺复兴"，而文艺复兴的发源地正是翡冷翠。

作为翡冷翠地标建筑的百花大教堂奠基于1296年，而后因黑死病而被迫中断。爆发于14世纪中期的黑死病蔓延了整个欧洲大陆。这场历史上最恐怖的瘟疫，断送了欧洲至少三分之一甚至二分之一的人口。翡冷翠，恰恰是瘟疫笼罩最严重的地区。文艺复兴先驱之一的薄伽丘，曾经在《十日谈》中描绘了翡冷翠严重的疫情。这场可怕的瘟疫甚至使得人们对于宗教和僧侣失去了信心。1367年，由全民投票决定在中殿十字交叉点上建造一座直径43.7米、高52米的八角形穹顶。而这座穹顶便是布鲁内勒斯基(Brunelleschi)耗费14年建成的神来之作。布鲁内勒斯基建造这座穹顶的蓝本恰好是罗马万神殿的穹顶，但是却没有足够的材料搭建脚手架做支撑，所以无法采用灰泥混合材质建造，于是他巧妙地构思了"鱼骨式"的建造方式，用铁链和石头围成桶圈状，将砖石由下而上逐层堆砌。这座穹顶的建造耗费了四百多万块砖头。但是布鲁内勒斯基着手设计穹顶时，刻意地并未留下任何手稿，所以他当年是如何精确计算穹顶直径的，至今仍然是个谜。

常常有人惊叹于百花大教堂壮丽夺目的外观，却对它虽然恢宏却简洁的内庭十分失望。然而，神的圣殿所独有的庄严肃穆恰恰是外圣内王的气息。朝圣的人，要登上463级台阶，排队进入大教堂的游客，一直蜿蜒到街道的另一端。等得太疲惫的人，就坐在街旁的咖啡馆里小憩。黄昏时，咖啡馆里晕黄的灯下，飘荡着客人爽朗的笑语声，有时候还能嗅到浓郁的咖啡香。

距离百花大教堂不远，就是市政厅广场。市政厅广场此前是庇护了翡冷翠三百多年之久的梅第奇家族的私人领地——韦奇奥宫。虽历经数百年的风雨不免略有沧桑，但是却恰到好处地烘托了点缀在其间的雕塑。斑驳风化的高墙前面矗立着米开朗基罗的大卫雕像。这尊雕像是个仿品，真品保存在佛罗伦萨美术学院。

米开朗基罗毕生追求艺术的完美，26岁时开始创作大卫雕像。据说这座雕像的原材质是一块被破坏且有缺陷的大理石。这块大理石因被人损坏过，因而没有雕刻家再敢于动用它，它的侧面尤其单薄，在闲置了近半个世纪之后，米开朗基罗在这块被破坏且有缺陷的大理石上塑造了饱满的肌肉，完美的线条，甚至是肌肤与骨骼的结合，连皮肤下凸起的血管都被雕刻得栩栩如生，从而成就了举世闻名的大卫雕像。

米开朗基罗身世坎坷悲凉，孑然一身，但是却创造了磅礴雄浑的艺术之风。曾经看过米开朗基罗的传记《苦痛与狂欢》，虽然文字模糊了，但是读时心灵的震撼与触动仍记忆犹新。米开朗基罗曾经说："人的一生，在接近死亡的时候才最臻于完美，这完美不是面庞，而是内在。"

走累了，在路边找了一家意大利餐厅吃饭，大约是在旅游区，饭菜水准一般，价格却不菲。唯一值得流连的是餐厅里典雅的气氛，华灯初上，侍者送上澄如琥珀的葡萄酒，让人想起"葡萄美酒夜光杯"，而夕阳收去最后一缕余晖，天色已晚，游兴阑珊，心里却是饱满而知足的。

在翡冷翠的第二日，由于病情加重，不得不留在房间休息。从下榻的酒店远远望去，百花大教堂的橘色穹顶清晰可见。孕育了无数艺术圣杰的翡冷翠，群山环绕，古朴沧桑，随处可见拥挤的游人。然而，我心中的翡冷翠依然是上帝权杖上镶刻的最精美的宝石，即使未必有苍寒晶莹的翠色，无论何时想起，都会在记忆中闪烁着光芒。米开朗基罗的"命运之手"轻轻点燃了生命，也点染了我内心的空灵。

◇

花落的声音,唯有静极方能震耳。

——《物喜》

譬如朝露

昨天是月半，天气骤变，冷峭的风刮了一天，几乎令人忘记已到了春暖花开的季节。从外面回家的路上，总惦记着要喝一碗暖胃又香甜的红豆粥，可以去掉春寒带来的湿冷。恰好友人送了我几罐有机椴花蜜，天气冷，蜂蜜结晶后是淡淡的乳白色，舀一勺加入热腾腾的莲子红豆沙里，甜蜜中带着椴花特有的清香，很好吃。

椴花是金合欢属，花朵小小，每朵花都由五个花瓣组成，柱头五只，饱含亮晶晶的蜜汁。酿好的花蜜色泽晶莹，醇厚甘甜。普鲁斯特在《追忆似水年华》中也特意写刚出炉的松软胖胖的玛德琳小点，就着加了椴花蜜的茶，大概是他记忆里最祥和温暖又甜蜜的味道。

甜蜜是人类最初也是最难忘的味道。但是一味地甜下去，总会腻，所以五味的调和对身心的健康十分重要。然而只要是又冷又饿的黄昏，最期望的还是一碗甜蜜的粥食，温糯软烂，米豆在甜稠的汤汁里煮开花，出锅时加一小把芬芳的桂花，舌尖一抿就可以下肚。华灯初上，肚子饱了，身子暖了，才有沉沉的睡意袭来，安全，踏实，温暖。

曾经最要好的一位朋友写信来，怀念在我家吃过的一碗红糖桂花糯米粥。她说看着我挑出两个精致的小碗，盛上一碗糯米粥，加一勺粗制的红糖，然后撒一点点桂花，又端出一碟颜色青翠的日本小酱菜，剥两枚五香蛋，喝完粥的碗底，绘着清丽的梅花。这是她吃过的最心满意足的下午小点。

吃毕，她帮忙洗碗，问："喝粥的碗也要讲究？"

"不讲究，就是随着心意选罢了。"

我在煮饭做菜方面颇有些天分，只要略用点心，总能令人食指大动。有一回来了一屋子的朋友，在家烤制叉烧肉。叉烧肉要每隔一段时间刷上特制的酱汁再烤，火候一到，香气满屋，所有人都咽着口水，催促着要吃。我把叉烧切薄片装盘后，做了一道爽脆的蒜泥黄瓜，洁白的豆腐在锅中一滚捞出，淋上生抽，香麻油略略放几滴调味，剁碎了香菜叶子和小葱叶，加上一点点切得细碎的榨菜丝，再加上一碗熬好的白粥，正好做周末玩饿时的小食。叉烧甜咸适口，黄瓜清脆，豆腐爽滑，而再喝一口淡淡米香的白粥，每个人都吃得额头上冒出细密的汗珠，纷纷嚷着还要。

还要？那正餐还吃不吃？

刚才嚷嚷不够的一群人，听到还有正餐吃，眼睛都亮了起来，吧嗒着嘴巴，乖乖地退了。

薄稠又清香的米粥是打底的关键。酸甜苦辣咸，要用怎样的食材调取，又如何相配，才是五味的调和。

吃得最好的感觉，其实是七八分饱，还留一两分念想。

越是复杂的菜，其实越不好吃。复杂的菜往往要最浓烈的一种味道来中和，这个味道往往是辣味。

我改良过一道水煮鱼，鱼用的是新鲜急冻的"Sea Bass"，而不是有刺还带土腥味的河鱼。姜片、蒜片、红椒入锅煸出香味，放一两勺李锦记蒜蓉辣椒酱，再放入适量的生抽、数粒花椒等调料，注水。鱼肉切小丁裹一层蛋清，薄施菱粉，下锅翻滚即出。豆芽摘好铺底，摆上水煮鱼，再浇一道热油，撒一把碧绿的香菜，既好看又增味。

但好吃的秘诀并不在用料，也不只是火候，而是每一种食材都保留了本来味道。鱼肉Q弹鲜香，豆芽清口爽脆，花椒的麻香，姜蒜的微辣熏香，每一种味道都在味蕾上滚过，却又出奇地调和。吃了这道菜的西方朋友，追着问我要"菜谱"，给了他们，他们却都做不出这味道。

后来我也尝过招牌的水煮鱼，鲜辣味掩饰了鱼肉是否新鲜，红色辣椒和花椒满满堆在表面，热辣辣吃下去，仿佛是开了胃，却只是辛辣的刺激而已，你吃下去的究竟是什么，味蕾已经麻木。

别人家的饭总是香。能让我洗手做羹汤的时节其实不多，我也很少晒自己的手艺。此后我逐渐开始素食，也就更少有做菜的机会，大部分时间，我总是悠哉乐哉地吃朋友和家人们做好的饭菜，还要挑挑嘴："这菜不能放太多酱油；饼摊厚了哦；粥又熬稠了……"

偶一为之，也是浮生若梦的闲趣。

譬如朝露。

物喜

农历七月中,为处暑。处,止也,暑气止,秋凉始。

早晨和几个朋友闲聊,说起北大未名湖后湖的荷香,其中有一个朋友说,早晨听到荷花落的声音,很震耳。

花落的声音,唯有静极方能震耳。

不由得想起从前文字里描写过:春天的落蕊,淡雅的槐香,还有冬天里暖暖的阳光。倘若步履匆匆,很少能留意到这些轻悄的美感。

看过一篇关于童年的回忆，文字已经模模糊糊，但是记忆里悠长的假期，却像褪色的老照片那样充满了温暖的光晕：一觉睡到日上竿头，阳光晒到身上，爬起来吃半个爽凉甜沙的西瓜，跑到外面野玩得筋疲力尽。中午听着蝉鸣看闲书，渐渐地睡去了，醒过来看到桌子上有早已凉好的冰糖莲子绿豆沙，顺手涂鸦几幅小画，晚上躺在奶奶那把光滑沁凉的竹躺椅上看浩渺幽深的夜空和点点繁星……这是最悠闲快乐的时光。

对我来说，长大成人的代价就是永远不能再回到那样悠闲快乐的时光；好处是世界如层层剥茧，向我展示它的各色各面，好坏香臭，五光十色。奇怪的是，看过这些现实的画面，我竟然没有迷路，仍然保持着儿时那种纯粹的心境。

年少时总觉得世界是属于自己的，只要热爱，便无所不能。成人后反而学会了安静地欣赏。譬如儿时因对艺术的喜爱与父母执拗地对抗。我喜欢画画，起初只是线描，后来是色彩，无论钢笔、铅笔、圆珠笔，在作业本的背面和演算本上，在力所能及的平面上，留下一个孩子对这个世界美的窥视。但是这个爱好遭到父母严厉的喝止，对艺术的沉迷，在他们看来是极为危险的，因为撒一满把艺术的种子，能成材者确乎寥寥。

后来我虽然没有继续绘画，但是儿时对于色彩、线条、结构的天然热爱，与生俱来敏锐的美感，文字、音乐以及其他艺术带来的通感，常使我的眼睛不自觉地寻找生活中的美。这美的种子破土发芽之后，便自然地蜿蜒到其他的领域，融会贯通，就如同岁月的陈酿，每一次品咂都爆破出新鲜的味觉。从前我活蹦乱跳，更喜欢"炉边的远游"，好像那部不朽的名作《海上钢琴师》里的"1900"，即便终生未踏足陆地,却可以精确地描述新奥尔良的冬天。后来身患沉疴,反倒读万卷书,行万里路,走过世界不少地方。

一个寒冷的冬天,我路过意大利的翡冷翠(佛罗伦萨),驱车经过冬日的田野,层层卷云覆压下是名画上的色彩:烟灰色里略泛青蓝的天空,厚积阴沉的云层被阳光破出数道金光,未褪去青绿色的常青灌木和落叶乔木高大光秃的褐色枝干形成鲜明的对比,恰恰是提香画里的世界。从前看欧洲文艺复兴时期的风景画,以为那样富有画面感的天空和色彩是彼时画家的演绎。直到五百多年后身临其境,才知道那其实是真正的写实景观,不由得叹为观止。

从米兰转道罗马的路上,特别绕道去看宁静而素朴的科莫小城。在那座小小的群山环绕的山城,拍下日落后幽深的湖水和湖畔的垂柳,晚上在当地吃一顿地道的意大利餐,就着清冽的白葡萄酒,然后绝尘而去。而美丽山城的印象真如水波里的月影,回想起来就会在心头荡漾。

因了绘画,不由得爱上一切优美均衡的艺术,乃至于生活的格调。我骨子里仍然爱着东方的素雅与含蓄的意境之美:桐花落尽,木槿始荣,青蝉饮露,七月食瓜,蟋蟀居宇……而这样平和清雅的生活格调,似乎只属于遥远的古代中国。正如在纽约,隔着大都会博物馆的玻璃柜,看到那些精美的中国皇家珍藏和艺术品,梦里不知身是客,一晌贪欢!

的确,在这个世界上,谁又不是过客呢?

我曾经像一只候鸟,每过一段时间就会回归。很多时候我都落在上海。大约当我是客人,在上海的朋友都非常周到与殷勤,常常邀我出去,有时候是去喝下午茶,有时候是聚餐,也有时候只是去小酌。

他们总是带我去别有情调的地方，看得出花了不少心思。淮海路上地道的上海本帮菜，有时候又是走街串巷去品尝百年老店的小吃，茂名路和新天地最新潮的酒吧，有时候又是老租界里只有老饕才知道的老式馆子，幽幽地放着旧日的歌。碰到一个适意的下午，他们也会和我一起在衡山路闲逛，路两侧高大的梧桐树即使在夏日，也遮蔽出清凉的树荫。他们会告诉我哪里有最新潮的铺子，带我去看最新的舶来精品，陪我去定制餐具，甚至也会和我一起在书店里翻书。

因为一直都被身边的朋友宠爱着，所以我有时候竟会忽略，也许那些我爱做的事，于他们或者她们，其实只是为了陪伴我而已。油然记得有个女孩子听说我和几个新朋友在中环广场小聚，急急地赶来，只因怕新朋友对我招呼不周。

每次我离开，总有依依不舍的朋友，带着礼物来送我。有时候即使转身上楼，在窗口还能看到街角沉默的身影。正如人不可能永远是中心，所以随着时间的推移，工作后开始繁忙的生活，和丢失的手机一起失去的还有朋友的联系方式。渐渐地，和他们也疏远了。

有一次偶然路过一间喝下午茶的咖啡馆，突然想起我曾经坐在落地玻璃窗前和朋友喝茶的情景。"蛾儿雪柳黄金缕，笑语盈盈暗香去。众里寻他千百度。蓦然回首，那人却在，灯火阑珊处。"

因家教严苛，我很少对不熟悉的人一见如故，因时常被旧病折磨，所以总是带些清冷的距离感。但幸运的是，伴随我成长的岁月里，总能遇到爱护我的人。我曾经杜撰过一个玫瑰的故事，因为有一个朋友对我说："每次看到你，总是想到玫瑰，却又觉得玫瑰的花语并不适合你。可是除了玫瑰，又找不到层次更丰富的花。"

然而，在我的眼睛里，玫瑰美而香，却短命易凋谢。"年年岁岁花相似,岁岁年年人不同。"

"和羞走,倚门回首,却把青梅嗅",多少带了些年少春衫薄的傲娇。

究其人生,不过是不断失去的过程。少年时看岁月的谷仓,满囤堆尖,仿佛永远不见底,而逐渐成长,光阴竟然似箭般一去不回。但不论是人生如蚁般卑微,还是生如夏花般光彩夺目,我们总有一种期待,期待人生之旅完结之时,也完成自身的蜕变:化蝶?变蛾?赴水为禽,抑或浴火为凤?

常人多喜欢在老病时,才开始回忆曾经的青春年华。还好,我喜欢写字时的灵感,不知不觉就记载了随生的喜怒哀愁。

人生,就应该丰富、鲜明,虽不乏坎坷,却总有豪情似旧时。

长生

我有一位朋友,写一手飘逸的行草,曾经在我一本书的扉页上,题写吉田兼好的《长生》。兼好的句子真是妙,我到现在还记得:

"倘仇野之露没有消时,鸟部山之烟也无起时,人生能够常住不灭,恐世间将更无趣味。人世无常,倒正是很妙的事吧。

遍观有生,唯人最长生。蜉蝣及夕而死,蟪蛄不知春秋。倘若优游度日,则一岁的光阴也很是长闲了。如不知餍足,虽历千年,亦不过一夜的梦罢。在不能常住的世间活到老丑,有什么意思?语云,寿则多辱。即使长命,在四十以内死了最为得体,过了这个年纪便会忘记自己的老丑,在人群中胡混,到了暮年,又溺爱子孙,希冀长寿,渴望得见他们的繁荣。执着人生,私欲益深,人情物理,不复了解,至可叹息。"

能把日语的"无常"观翻译得如此优美而押韵,深厚的古文功底必不可少。能与兼好的《长生》比肩的,是济慈笔下的《夜莺颂》(Ode to a Nightingale)。

济慈,名字虽很诗意,但人生却布满坎坷。他既没有拜伦英俊如阿波罗的面庞与风采,也不似雪莱出身高贵。8岁丧母,14岁丧父,不到20岁便失去了所有的亲人。他身染沉疴,常常咳血,年仅25岁便撒手人寰。《夜莺颂》是他在病重之时写下的"悲歌",被他揉成一团扔进废纸篓。幸亏一路照顾他的好友,悄悄拾起,才成就千古"绝唱"。

据说,济慈曾经将作品送给拜伦,但拜伦在震惊于他的才华之外,生出强烈的妒意,将其作品毁掉。济慈逝后,远葬在罗马,碑上有一行著名的墓志铭"名随逝水"(Here lies the one whose name was writ by water)。

《夜莺颂》我看的是原文。那是一个落雪的冬夜,窗外还有蜡梅冷冷的芬芳,幽深的夜空浩渺无边,充满不能知的神秘,流利的英文,纵然没有中文的象形之美,但绝不输于意境与音律。

济慈的《夜莺颂》,仿佛是来自天界的歌声,像冬夜里腊梅的寒香,让一个孩子怦然心动。

不久,宠爱我的老师去英国小游,回来带给我一本《济慈诗集》。薄薄的一本小册子,印刷很精美,装在一个小小的牛皮纸袋里,有幽幽的书墨香。

希腊七弦琴具有特殊的象征，优美的琴声响起，整个世界都会静静地聆听。济慈的墓碑上装饰着这样一把希腊七弦琴，但被折断了四根琴弦，昭示着诗人的早逝。

惊世的才华，往往伴随不顺、多病甚至早夭。这使得我对于上天的安排一直无法释怀。也许兼好的《长生》可以聊作安慰。古人云：情深不寿，寿则多辱。兼好说得不错，在不能常住的世间活到老丑，有什么意义？

"世味尝来浑是蜡，莫教开口向人提。"在红尘里打滚的人，有多少不被俗世的尘埃所"染"？假如济慈活到老丑，他的笔下是否还能有空灵的夜莺之歌？假如他为夫为父，不得不为生计奔忙，是否还会在漫步的清晨，写出"美即是真，真即是美（Beauty is truth, truth is beauty）"这样带有东方意境的句子？

人，或可生如蚁，但人若卑如蚁，则不能美如神。

同样说长生，庄子说："朝菌不知晦朔，蟪蛄不知春秋，此小年也。楚之南有冥灵者，以五百岁为春，五百岁为秋；上古有大椿者，以八千岁为春，八千岁为秋，此为大年。"

"小知不及大知，小年不及大年。"积水不厚，则不可负大舟；风力不足，则不能展大鹏翅。但这种"绝云气，负青天"的气魄却并不仅仅是"燕雀焉知鸿鹄之志"。

做人看气度，文章看器宇，修行看根器。心胸、眼界与才识，决定人生的意义。能乘天地之正气，御六气之辩，才是"至人无己，神人无功，圣人无名"的逍遥游。

无情何必生斯世。生命原本如层层剥茧的羽化蜕变，人是否能长生，抑或是否该长生，取决于人的格局。在不能常住的世间，活到老丑似乎不是一件快乐的事。但在不能常住的世间，超越生命的局限，才是长生的乐趣吧。

再贴《长物志》

前年,写过一篇小文《风雅》:

今天早晨醒得早,靠在枕上看书,有这么一段:在金陵的雨花台,日已西斜,看到两个挑粪桶的,携了空担歇脚,其中一个拍着另一个的肩头道:"兄弟,今日的货已经卖完了。我同你到永宁泉吃一壶水,回来再到雨花台看落照。"这菜佣酒保都有的"六朝烟水气",便是风雅。

有个朋友问我,何处得风雅?走过世界上许多地方,能带回的并不是风景，而是随处的"心致"。在我看来，古人的风采与雅致，胜之今人不知多少倍：斗茶、赏荷、养兰、品香、听琴、作画。可这些依然只是表象。真正的风雅是需要文明的底蕴和文化的精髓的。西方的园林不输精美，只是在空灵上输了东方一筹。如果布置一处美丽的园林需要美感、耐心与勤劳，点染这方园林的空灵便来自一个人的精神。

文震亨曾经将这样清雅的精神浓缩在十二类里：室庐、花木、水石、禽鱼、书画、几榻、器具、位置、衣饰、舟车、蔬果、香茗，写成《长物志》。

长物，本是多余无用的东西。文震亨长物咏志，品藻绘事，燕游园林，志在林泉，点染的是隐逸雅洁的精神。

但《长物志》并不容易读，这种笔记体的生活品鉴与修养指导，即便有插图，在已然对古人生活全然陌生的现代，也很少能风行。现代的人，生活早已五光十色，哪里有时间去看古人教导的风雅之趣。

寒露一过，天气转凉，靠在古榻上看《长物志》，竟有些恍如隔世。

文震亨的生活，雅洁且应时。

他说：室庐，"居山水间者为上，村居次之，郊居又次之"。需"门庭雅洁，室庐清靓"；门，"用木为格，以湘妃竹横斜钉之，或四或二，不可用六"；窗，"用木为粗格，中设细条三眼，眼方二寸，不可过大……漆用金漆，或朱、黑二色，雕花彩漆，俱不可用"。台阶，"自三级以至十级，愈高愈古，须以文石剥成。种绣墩或草花数茎于内，枝叶纷披，映堦傍砌"。

又说："弄花一岁，看花十日……草木不可繁杂，随处植之，取其四时不断,皆入图画。又如桃李,不可植于庭除,似宜远望;红梅绛桃,俱借以点缀林中,不宜多植。梅生山中,有苔藓者移置药栏,最古。"

春夏之交,他将莲子封入蛋壳,两端用加了麦门冬的燕巢泥封住,等莲子发芽制成精制的碗莲,成就一方翩然的微型小世界。

冬至,又命仆人移居"暖室"。在室中,放置卧榻及禅椅,务必要求"前庭须广,以承日色,留西窗以受斜阳"。

但优渥富足的生活,雅洁隐逸的格调,仍然逃不开国仇家恨。

明末,他被迫出世为官,内心压抑痛苦。明亡,绝粒死,年六十一。

文震亨写《长物志》,他的好友沈春泽曾经问:写此何用?他答曰:世事无常,以后的人们也许根本不知道体会生活的况味,我记下来,好给后人做参考。

沈春泽欣然为《长物志》作序,文字写得极漂亮:"夫标榜林壑,品题酒茗,收藏位置图史、杯铛之属,于世为闲事,于身为长物,而品人者,于此观韵焉,才与情焉,何也?

挹古今清华美妙之气于耳、目之前,供我呼吸;罗天地琐杂碎细之物于几席之上,听我指挥;挟日用寒不可衣、饥不可食之器,尊踰拱璧,享轻千金,以寄我之慷慨不平,非有真韵、真才与真情以胜之,其调弗同也。"

贴《长物志》不久,有人留言说,对这样的生活和喜欢这样生活的我,颇有距离感。

喜欢《长物志》的人,必然要有如文震亨一般的真韵、真才与真情。但除此之外,还要有能浸染精神与生活格调的家族传承。

"书画咸有家风，山水韵格兼胜"的文震亨，曾祖文徵明诗、文、书、画无一不精，堪称"四绝"全才。文徵明的书法颇具魏晋风采，而书画风格温润儒雅，他与沈周共创"吴派"，与沈周、唐伯虎、仇英合称"明四家"（"吴门四家"）。

但若看文徵明的背景：诗宗白居易、苏轼，文受业于吴宽，学书于李应祯，学画于沈周。在诗文上，与祝允明、唐寅、徐祯卿并称"吴中四才子"。

雅俗之间的气度，原本是同贵不同富。腹有诗书气自华，很难看到真正"气自华"的人油头满面，衣衫不整，抑或是满身金玉。

所谓的点染，便不在多，而在度；不在富，而在贵。

在这样家庭里出生的文震亨，自然有这样的文化传承与精神信仰。园林匠心，除去寄情山水的隐约心志，本当有一份品质高洁才对。若心志不对，所映照的园林山水，又有什么意境可言呢？文震亨生活得极为雅致，但他并不是贪图安逸的软骨文人，在大是大非面前，也有傲骨铮铮的气节，后人怕是很少能在他所寄情的园林中体悟了。

何时再步江南岸，且摘桃花换酒钱？

画眉

6岁时,三姑太做了一件蚕丝棉的小袄子给我。虽然颜色并不适合小孩子,深咖色底子装饰着金色的云纹。但那件袄子又轻又软,我一直很喜欢。后来也有不少中式小袄,但都不是蚕丝棉的,因此我很少穿。

蚕丝棉娇贵,虽轻薄、保暖又贴身,但不能水洗。有时候衬了蚕丝棉的里,但是小袄的面料却不够雅致,或者式样老旧。唐人街里满眼都是红红绿绿绣花鲜艳的中国风唐装,但那是哄外行的西方人的,入不了眼。

不单是冬天的蚕丝棉小袄，便是最讲究的旗袍，也容易做得流俗。

常说南方的粉黛，胜过北地的胭脂。

北地四季分明，因此人的个性也更爽直干脆。胭脂二字，却也委婉道出北方女子钟爱的颜色多鲜艳富贵。

拎开一件北地的旗袍，大多以富丽的织锦缎，装饰端丽的盘扣。富贵大气是有了，但少了些飘逸的秀雅之味。

而婉约清灵的江南水乡，连衣衫也要风雅，不然怎对得起"江南"二字？

江南产丝绸。长丝做丝绸，短丝做绢衣。用色多柔和，甚至衣服裁剪也要配衬丝衣上的花纹。

天青色底子上疏淡的梅花影子，衣襟斜斜，扣眼子里别一小朵香香的玉兰花，只能是江南女子的装扮。

但旗袍原本来自北地，起初是严冷方正，最早是旗装，线条平直，衣身宽松，下摆不开衩，只在领边袖口镶大量盘绲装饰。旗装的纹样不外是龙狮貔麟百兽、凤凰仙鹤百鸟、梅兰竹菊百花，以及八宝、八仙、福禄寿喜，色彩鲜艳复杂。

但经过汉地各种巧匠裁缝的手，旗装演变成各种应时的式样，连领子都有交领、矩领、直领、盘领、圆领、立领、元宝领、凤仙领等，而旗袍的长短，袖子的式样，盘扣的花样，布料的图纹都很有讲究，此时旗装已经更名为旗袍，紧身、窄袖、美人肩，非常考验一个女子的身姿。

北地胭脂太艳，南方粉黛又容易小家，经过了各种文化搓粉滴圆混合过的海派，连接两极。

海派旗袍的代言人莫过于张爱玲。譬如胡兰成描写她穿着"能闻得见香气的桃红单旗袍，绣着双凤的绣花鞋"。而更早时，她穿素雅的丝质碎花旗袍，有时候又是"桃红色的软缎旗袍，外罩古青铜背心，缎子绣花鞋"。

1945年，张爱玲去见拍《倾城之恋》的话剧主持人，着一袭拟古式齐膝夹袄，超级宽身大袖，水红缎子，用特别宽的黑缎镶边，右襟下有一朵舒卷的云头，长袍短套，罩于旗袍外面。看得真让人"眼馋"。

张爱玲说："衣服是一种言语，随身带着一种袖珍戏剧……贴身的环境——那就是衣服，我们各人住在各人的衣服里。"

斯人已去，但是她的装扮，便是搁到现代，也定是不落俗的时尚。

与张爱玲不同，我不大喜欢色彩过于艳丽的衣服，除非衣服的裁剪式样极为精良，足以将团簇的艳色变成王者般的贵气。

我天生偏爱雅致的颜色，譬如幽雅的深浅蓝，晕染的天青色，别致的粉灰和紫罗兰色。我也喜欢浓郁的大红色与绿色，但这些颜色在配色的时候一定要小心。有一次看到翡翠绿的重磅真丝缎，用极清淡的紫色和白色绣了疏影横斜的梅花，领扣用的也是梅花扣，十分精致，不但压住了浓艳的绿色，而且脱俗清秀。

但是这件衣服一直没有人会做，甚至也没有办法绣出这样精致脱俗的梅花。

最近天气凉了，趁着在上海便利，找连子做了两件蚕丝棉的袄子。连子很得意，说这袄子第一层是真丝烂花绒，为了衬，所以下面也是配色的真丝，里衬也是真丝，用的是最轻软的蚕丝棉，加了黑色貂毛装饰，是四镶四绲，纯手工纳的。可惜连子对袄子的尺寸却一直把握不好。这么漂亮的衣裳，本应该腰身紧俏才会好看。但连子坚持说，冬天的衣服要宽松。我争不过，只好接了，但总觉得不合意。也许，人生就是这样不完满的吧。什么都全了，总要差一个完美的收梢。

也许人生便是如此，只能九九，不能十全。

小暑·微风至

小暑节气到,一候温风至,二候蟋蟀居宇,三候鹰始鸷。未到清秋节,却突然起了思乡意。

灵光乍现,一转眼因琐事耽搁,才思便杳无踪迹,一如心里隐藏的淡淡乡愁,飘忽不定,细寻无迹。

在《猛虎与蔷薇》里,我曾经写过《绿荫谷》和《长恨歌》。

绿荫谷,是我的家园:循道而上,路旁是高大而又郁郁葱葱的树,春天绽放一树的花朵,袅袅婷婷,美丽得可以如画;秋天,则换成漫天的红叶与黄叶。二楼的露台加了顶和窗，配了深褐色的竹帘，闲时坐在那里看书，泡一盏碧青的茶，有时候会看看窗外的风景，或者楼下花园里盛开的玫瑰。东边墙下种了一排杜鹃，初春时节，白色杜鹃花开得流光溢彩；屋后有一株樱树，灿烂如云的樱花一开，抵过了料峭春寒。

夏季清凉的晚上，也会在露台上纳凉。夜色深沉，就能听见小虫的呢喃和遥远的蛙声，把壁灯熄灭，点一盏烛灯，在幽明的灯下听大提琴，有时候心里很安静，有时候却有点莫名的伤感。我偶尔会顺手在花园里种一点小瓜菜，只是为了玩和一点小小的成就感。种子是从店里买来的，只可惜土质不够好，但即使不够茁壮的小苗以及并不丰满的果实，也让我有春播秋收的喜悦。

《长恨歌》是我搬离最初的故园后写的，在一座临海的美丽又洁净的小城。有时候我也会想起那时曾经住过的家园：婉约的秋香绿茶碗，芬芳的罗勒，屋后美丽的小湖和高大的橡树。常常来做客的水鸟，灰色的丹顶鹤，有时候会突然窥见一头小鹿仓促逃走。在泳池旁，有我心爱的兰花，佛罗里达湿润又温热的气候，常年催开亭亭玉立的花朵。

我在那里度过了大约最悠闲的时光。

此时情绪此时天，无事小神仙。

◇
一

"我轻轻地拨动其中的一根弦,它发出一种使整个房间都颤动的声音。那音色清澈亮丽,却又深邃低沉,仿佛这乐器是铜做的,而不是木头做的。在很长一段时间里,这音色让我着迷,从最纤弱细腻的泛音一如寺庙屋檐下的风铃,到浑厚低音颤动的深沉。"

——《独坐幽篁里》

独坐幽篁里

古人写琴："伊朱弦之雅器，含太古之遗美，扣清徵于云和，激流泉于绿绮。"

这份悠远清雅，要写得好看且没有烟火气，颇有难度。

古琴，创始于伏羲，成形于黄帝，取法天地之象，暗含天下妙道，内蕴天地间灵气；琴长三尺六寸五，象征一年三百六十五天；肩宽六寸，应六和；面板圆，底板平，主天圆地方；琴头"岳山"，琴底"龙池"和"凤沼"，上山下泽，天地万象。

"我轻轻地拨动其中的一根弦,它发出一种使整个房间都颤动的声音。那音色清澈亮丽,却又深邃低沉,仿佛这乐器是铜做的,而不是木头做的。在很长一段时间里,这音色让我着迷,从最纤弱细腻的泛音一如寺庙屋檐下的风铃,到浑厚低音颤动的深沉。"

这是瑞典汉学家林西莉见古琴时的惊艳,她在60年代一个踉跄闯进中国,从此迷上了古琴和古琴所代表的清贵雅致的世界。在急功近利又烦躁喧嚣的时代,很少能有这样的沉静去倾听古琴的幽微澹远。已到耄耋之年的林西莉,仍然会每周弹一曲古琴:自弄还自罢,亦不要人听。

林西莉的老师王迪曾经教她如何弹出"大珠小珠落玉盘"的琴音:"想象你把一颗珍珠放入玉盘,然后再一颗一颗地掷下去,它们如流星落下但每一个音都听得清清楚楚,清澈明亮,最后一切又恢复了宁静。"

诚如是。查阜西先生说"琴学大大地衰退"的原因是,"弹琴家大多只满足于演奏的技巧,至于其他有关的技术,尤其是对古琴美学的全部几乎是不问的。"

古琴,是君子之器,具"正德":琴者,禁也。禁邪归正,以和人心,所以需"声意雅正,用指分明"。弹琴之间轻重缓急的平衡,如水墨山水的浓淡温润,"御落月于弦中,松风飕飕;贯清风于指下,此则境之深矣",需要毕生的锤炼与投入。

第一次听《流水》,溪水潺潺,瀑布飞流,泉声阵阵,浩浩汤汤,奔流入海;再听《梅花三弄》,曲之清极,花之清极;后听《广陵散》,纷披灿烂,戈矛纵横。

曲意通心,不同地域、不同师承的琴家的风格彼此都不相同。同一地域、同一师承的琴家的风格也是各有特点而不尽相同。因地域、传谱、师承不同,形成了古琴不同的流派,以广陵、诸城、虞山、梅庵、九嶷等为主流派。

第一次听我的老师倪诗韵先生弹琴,即使是一首开指小曲,他也弹得流畅如水。但印象最深刻的却是他的《普庵咒》(释谈章)。听过多个版本的《普庵咒》,都境意悠远,如古寺晨钟。即使陈雷激采用梅庵谱弹奏的《普庵咒》也十分婉转绵长。而倪老师信手弹来,却演绎出一种独到的激昂利落气势。偶然看到一个描述倪老师的小小片段,琴弦上落了一只小虫,倪老师却不忍拂去,安静等小虫爬走,才继续抚琴。能将《普庵咒》弹得激越婉转,又对小虫有慈悲怜爱之情,颇令人触动。

古琴为君子。君子并非只有谦谦之德,君子亦有激昂之意。仁者爱山,智者乐水。水包容万象,柔情似水是其一,磅礴奔涌亦是其一。所以,完美的品德和性格应该是刚柔并济,而不是一味温吞或始终刚直。刚直者如翠竹亦受摧折,温吞者如江南之水,于沉静中易藏污纳垢,且终究距离大气与大器太远。海纳百川,却并非永远平静如镜。而收放自如之水,遇到高山,会婉转缠绵,清丽温柔;遇到风暴,则摧枯拉朽,奔腾不息。这才是人生最高的境界,也是禅之完满境界,更是琴人之境界。

倪老师师承梅庵派大师王永昌先生,为梅庵琴派第四代传人,善斫琴,其斫琴亦得王永昌先生指点。倪老师清瘦沉稳,有谦谦君子之风,而师母沉静温柔,与老师伉俪情深。

与倪老师和师母相识,是因我想买一把"倪琴"。自从王世襄先生的一把大圣遗音在嘉德春拍上现身,并以1.15亿天价成交后,突然掀起的古琴热与收藏热，让古琴身价倍增。唐宋明清时的老琴已经难寻。而优秀的斫琴师北有王鹏，西有李明忠，南有马维衡和倪诗韵。虽是初学，我还是想亲自挑一把好琴。

倪老师斫琴二十五年，孜孜不倦，从制工、琴形、用漆以及用材方面都十分严谨。他的琴线条优美清秀，出声均匀清透。他说："梅庵派的曲子有现代音乐的特征，它的每个曲子的处理都有高潮部分，所以对琴的要求非常高，对于古琴琴声的均匀部分，我的概念非常深。"

第一次上门，老师从几把琴中挑了一把给我："择日不如撞日，就这把吧。"然后他亲自示范，弹给我听。又问及我对古琴的心意，以及背景。得知我远道而来，他让师母带我去吃饭。我与老师和师母初次相见即十分融洽，非常喜欢他们温和的气质。师母带我去吃农家菜，一路上告诉我倪老师第一次斫琴的经历，二十多年来始终坚持斫琴，即使在古琴的冷门时期也初心不改。

倪老师对我说："我小时候第一次听到古琴，真的很美。后来就自学古琴，再后来去王永昌先生那里学琴，要坐两个多小时的车。"然后他笑着说："你以后也是要坐两个多小时的车来学琴。"

就这样，我自然而然地成了倪老师的学生。有时候跟着大班上，有时候他单独传授。老师授琴的时候，师母总是安静地泡一杯茶给我们。在我生病不能弹琴的时候，老师几次打电话来问是否好转，并安慰我说安心养病，琴慢慢会拾起来的。习琴常常因为出差和繁忙的工作被打断，我甚至有过放弃的念头：老师的学生那么多，也不缺我一个。倪老师却说："琴人是需要修养的，而你最大的潜质就是你的文化背景和修养。"

有一次琴弦断了，我惴惴不安，怕老师责怪，但他却只回了一句："不要紧，去找师母。"配琴弦需要一段时间，师母将羽朦的琴借给我用。倪老师是斫琴圣手，羽朦的琴是倪琴中的精品。我接过琴，知道这里包含一份慈爱、一份看重和一份信任，心中很是感动。

点点滴滴，蕴含着师者对于后辈的殷殷教导。倪老师从未和我讲过什么大道理，他于琴理与做人都低调而朴素。如成玉磵在《琴论》中说："攻琴如参禅，岁月磨炼，瞥然省悟，则无所不通，纵横妙用而尝若有余。"

为我一挥手，如听万壑松。客心洗流水，余响入霜钟。

琴心如是，我心如是。

凤求凰

听陈雷激弹《凤求凰》,他用了梅庵琴谱,指法却颇有不同。这大概是古琴娱己之处,只有音乐的修养与技法炉火纯青了,才可以自如写意。司马相如的《凤求凰》,可经千年。千金难买相如赋,但我对司马相如,却总也喜欢不起来。

司马相如善操琴,有梁王所赠的名琴绿绮,隔帘一曲《凤求凰》:"凤兮凤兮归故乡,遨游四海求其凰。时未遇兮无所将,何悟今兮升斯堂!"打动了卓文君,卓文君宁可舍弃富贵和他当垆卖酒。本是佳偶天成，还顺带沾了岳父大人的光，但司马相如功成名就后却忘记了初心。卓文君纵然才貌双全，却也要写《白头吟》去挽回夫婿的心：

"闻君有两意，故来相决绝。"

这两句写得也颇有气魄，谁知接下来几句却又要说："愿得一心人，白头不相离。"

大约男人，难免三心二意。卓文君聪明灵巧有智慧，还是赢回了夫君的心。

可是，《凤求凰》写得那么美，曲子如此动听，偏偏只能是"人生若只如初见"，总归是个缺憾。

琴有九德，曰：奇、古、透、静、润、圆、清、匀、芳。嵇康在《琴赋》里说："愔愔琴德，不可测兮，体清心远，邈难极兮。"

人间诸艺，以"琴棋书画"为归宗，而又以"古琴"为首。古琴为养德之器，故琴德也通君子之德。

《琴议篇》中说："声意雅正，用指分明，运动闲和，取舍无迹，气格高峻，才思丰逸，美而不艳，哀而不伤，质而能文，辨而不诈，温润调畅，清迥幽奇，参韵曲折，立声孤秀，此琴之德也。"

总而言之，琴之正气为天地根本。气不正，则不能正心、修身，更别提抚琴了。

当初汉武帝的皇后陈阿娇失宠，用千金买司马相如一赋，也没有使汉武帝回心转意。想想也是，买来的文章，怎写得出深切的情意呢？便是柔肠百转，含情脉脉，写赋的人又怎能体会真切？

换句话说，给废后写赋，如果不是出于同情而是因为千金，那这卖文的人也实在不是君子。所以，"千金纵买相如赋，脉脉此情谁诉"？

为了让这《凤求凰》继续美好下去,还是换王实甫版本的琴曲吧:

有一美人兮,见之不忘。

一日不见兮,思之如狂。

凤飞翱翔兮,四海求凰。

无奈佳人兮,不在东墙。

将琴代语兮,聊写衷肠。

何时见许兮,慰我彷徨。

愿言配德兮,携手相将。

不得于飞兮,使我沦亡。

周郎顾

昨天看了篇小文,叫做《不爱的时候刚刚好》。大意是一旦爱了,便会患得患失。只有不爱的时候才能无欲则刚,更好地爱自己。可是在红尘打滚的众生,谁能逃得过爱恨情仇?一个只爱自己的人,又怎会可能懂得爱的滋味?

有位朋友向我缅怀他逝去的情怀。他说:"这世上温柔的女子难找,好看的又难接近。"

的确,女子如水,但水亦有高下之分,譬如张爱玲,如高山冷泉，曲高和寡，遇到热闹世俗的胡兰成，她的冷与清便被他一团泥弄得汤汤水水，好在她亦能及时抽身，而且绝不拖泥带水；又譬如林徽因，其实她是小溪，叮叮咚咚，要人回应，所以才喜欢无数的男人拜倒裙下，倘若不是遇到梁思成山一样包容的胸怀，怕也成不了气候。

关于爱情，我其实更欣赏有些女子的鲜明，因为她们绝不屈从于男人的主宰。因此她们爱得更有格局，绝不小家子气。好比玛格丽特·杜拉斯，年轻时漂亮但耽于情欲，年长后容颜尽失，却多了一份潇洒如男儿的气度。

杜拉斯如是说："爱之于我，不是肌肤之亲，不是一蔬一饭，它是一种不死的欲望，是颓败生活中的英雄梦想。"

这种义无反顾的精神，其实在婉约的古代中国也有，便是有名的《听筝》：欲得周郎顾，时时误拂弦。

周瑜，"长壮有姿貌、精音律，性度恢廓"，简洁的说法是"雅量高致"。周郎，他是范成大笔下的"世间豪杰英雄士，江左风流美丈夫"。出身贵胄，英雄豪杰也就罢了，偏还俊俏倜傥，风度翩翩，21岁便驰骋疆场，建功立业。文武双全，更精通音律。

不信？

《三国志·吴志·周瑜传》里说："瑜少精意于音乐，虽三爵之后其有阙误，瑜必知之，知之必顾，故时人谣曰：曲有误，周郎顾。"

这一声"周郎"，叫得俏皮生动，却实至名归，若由女子唤来，恰恰情意深深。周郎自小精通音乐，即使酒过三巡，只要曲子弹错，他必然回头看一眼弹错的人。

倘若有个男子，长身玉立，雅量高致，而且文武双全，任天下哪个女子都会怦然心动。据说,为得"周郎一顾",弹琴的女子常常故意弹错。这种婉约细致的小小心思,怕是周郎,也难免心生怜爱。

谁不喜欢诸葛亮?文韬武略,样样精通,足智多谋,赤胆忠心。但这样完美的人,却要周瑜来衬。

东风若与周郎便,"八十万军飞一炬,风卷滩前黄叶。楼舻云崩,旌旗电扫,燹射江流血。咸阳三月,火光无此横绝"。

哪个女子,不会爱上周郎?

所以有位女子公然说:"三国演义,那是狗屁;雅量高致,才是周郎!"

你看,因为罗贯中刻意贬低周郎心胸狭窄,她便认定他的巨著一文不值。

这种勇气,怕只有女子才有。

在这个世界上,如果一个人没有因血缘关系来爱你,这种爱,只能属于爱情。但是爱情,仍然是有条件的。

爱上一个人,而这个人没有给予回爱,或者没有给予等量的回爱,那么爱情就会变得苦涩。甚至,即使曾经相爱的两个人,随着时光与激情的消逝,渐渐也会有诸多的敷衍。如果这爱情能足够支撑双方彼此忍耐另一个人的弱点,那么白头偕老才有可能。

可是白头偕老的爱,和初见周郎的怦然心动,完全不同。

你可以爱一个人,甚至耗尽一生来思念一个人,但是,真正的相处和交往,甚至于个性上的不同与摩擦,很容易将爱情消磨殆尽。

周郎早逝,36岁便魂归故里。还好,他已经娶了小乔。郎才女貌,神仙眷侣。

只是,我常常想,假若没有盛年便早早逝去,老去的周郎可还有人爱？又或者，嫁了周郎的小乔，是否要用毕生记取初嫁的幸福时光。

"曲有误，周郎顾"，原本就是前尘隔海的传奇啊！

如歌的行板

　　我喜欢带有摇曳感的音乐，好像微风拂过水面泛起的淡淡涟漪。我曾经在一个不经意的下午，爱上了大提琴深沉而优美的音质。

　　昨天微微地发了低烧，到了深夜时分，有一种从身体内传来的钝痛令我难以入睡，冷汗涔涔地浸湿了衣衫。只是这痛楚，却不知道是从何处而来。不知道过了多久，终于蒙眬睡去。醒过来已经是周六的清晨。深秋的早晨，纵然阳光灿烂，却带有一种别样的清冷。如歌的行板，悠悠地在我的耳边回响着，带着一种最深切的无奈和最深邃的痛楚，仿佛人生中沉重的负累，如层层的介壳般压在心头，令人忍不住潸然泪下。

有人说，才华本身就是一种美，悲怆是一种极深沉的美，而美是一种照耀人生苦难的光明。或许是吧，只是和才华与生俱来的，还有忧郁和敏感的心灵。我一直以为，我被夹在一个进退维谷的缝隙里，无论做怎样的决定，都是一种无可奈何的放弃。然而，慢慢地我明白，我如是，他人也如是。这就是人生最难的境界：跨过去，你会不幸；而不跨过去，你会更加不幸，但是谁都无法知晓将来，唯一能做到的是脚步不停，日子依旧重复着怆然的沉重和孤独的忧伤。

因为不是一个"大我"的人，我从这优美哀伤的曲子里无法感知所谓的民间大众的疾苦。我所能共鸣的，只能是它唤起的在我内心深处最无奈、最深邃的痛楚，好像是深夜里被腹痛折磨的钝痛。

只是，或许我的文字也已经无法表达。

巴赫屋顶上的月光

我在一个薄阴的午后重温杜普雷的大提琴，如同打开了时光的隧道。

如果没有听过杰奎琳·杜普雷（Jacqueline Mary du Pré）的琴声，或许你会觉得马友友的大提琴已可媲美天籁。但是，马友友的琴声，无论演绎得如何精彩，一遇到杜普雷，便光彩顿失。甚至，即使在杜普雷死后，她的名琴——大卫杜夫落入马友友的手里，却再也无法发出同样的音色。

将音乐视为"赞颂上天的和谐之音"的巴赫（J·S Bach），笔下的乐章永远均衡典雅，但是他所想要表现的情感却如莎士比亚一样丰富与恢宏。因此，即使是技巧和经验都异常丰富的俄国大提琴家罗斯特罗波维奇也需要鼓足勇气，才能去演绎巴赫的音乐：明亮的G大调、悲怆的D小调、灿若朝霞的C大调以及庄严而肃穆的降E大调，还有带着浓烈色彩的C小调以及如阳光般辉煌的D大调……如同层层剥茧的丰富情感。然而杜普雷却可以驾驭得炉火纯青，她身上绽放的与年龄不相称的惊世才华，曾经让诸多的人对她惊叹，嫉妒，崇拜而又远离。而杜普雷自己却说："我喜欢演奏音乐给别人听，但是我并不希望拉琴成为我生活中的唯一。"

大提琴，如同浑厚优美的男低音，带有阳刚气质的同时却不咄咄逼人，是管弦乐队中必不可少的次中音或低音弦乐器。在协奏曲（concerto）和奏鸣曲（sonata）中，大提琴很少是主角，唯有在杜普雷的手中，大提琴才当仁不让成为万众瞩目的明星。

17岁，杜普雷以惊人的技巧演绎了埃尔加晚年的杰作《大提琴协奏曲》。这支曲子如同挽歌般优雅悠长又恢宏的旋律，恰似秋风扫落叶，却又带有梦幻般沉思的主题。垂垂老去的埃尔加，赋予了曲子一种满溢的苍凉意境：虽青春不再，但是却收获生活最富足和最复杂的情感，追忆逝水年华，柔曼绮丽中的悠远绵长，常人无法企及的哀伤与缥缈。

年轻的杜普雷指下的音乐，如同倾泻而下的伤逝洪流，一咏三叹，"君不见，黄河之水天上来，奔流到海不复回。君不见，高堂明镜悲白发，朝如青丝暮成雪。人生得意须尽欢，莫使金樽空对月。天生我材必有用，千金散尽还复来……五花马，千金裘，呼儿将出换美酒，与尔同销万古愁。"

英格兰最著名的乐评家之一——那弗·卡特斯，把杜普雷演绎的埃尔加《大提琴协奏曲》称为"珍贵易逝的美之绝唱"。

不幸，一语成谶。

翻开杜普雷的履历，只有寥寥数笔可以写就她的人生：5岁拉琴，16岁登台一鸣惊人，28岁患多发性硬化症而结束辉煌的演艺生涯，42岁孤独地死去。

关于杜普雷流星般耀眼又短暂的光芒，以及她人生中与才华无法媲美的生活技巧缺乏，似乎是人们更津津乐道的历史。但是，到我邂逅杰奎琳·杜普雷时，她的琴声如歌，完美地呈现了奥芬·巴赫（另一位巴赫）的《杰奎琳之泪》（*Jacqueline's tear*）。

据说，一个多世纪前的奥芬·巴赫，用这首优美婉转的曲子，纪念他埋藏在心底的一段情愫。他曾经在小巷中追寻过她如泣如诉的琴声，曲终人散的落寞与婉转激昂的乐声，成就了一首惊世的"悲歌"，而这首《悲歌》后来被命名为《杰奎琳之泪》，由一位也叫作杰奎琳的大提琴手完美地呈现。

西北有高楼，上与浮云齐。

交疏结绮窗，阿阁三重阶。

上有弦歌声，音响一何悲！

谁能为此曲，无乃杞梁妻。

清商随风发，中曲正徘徊。

一弹再三叹，慷慨有余哀。

不惜歌者苦，但伤知音稀。

愿为双鸿鹄，奋翅起高飞。

于我，杜普雷的音乐属于这样激昂又柔曼的《悲歌》，属于如光影般变幻莫测的《殇》，亦属于往事不堪回首月明中的《往事》。尽管她是那样富于技巧，才华横溢，但是这三首曲子，却是我的最爱。

因为再恢宏的乐章，也要让位给一支清亮柔美的单曲。暴风骤雨永远不及天空中云雀的歌喉那样引人入胜。

在阅读无冕之王巴赫（J.S Bach）的传记时，看到这样一段描述：少年时即父母双亡的巴赫，不顾长兄的严苛，在月光下偷偷抄写那些令他魂牵梦系的乐谱。对音乐如痴似狂的迷恋，成就了巴赫的音乐，也毁掉了他的视力。但是巴赫却说，音乐之于他，恰如儿时抄写乐谱时映照在屋顶上的月光，衣带渐宽终不悔。

杜普雷的大提琴对我来说，也正是映照在屋顶上的月光。即使前尘隔海，依然能洞悉她音乐里表现的"无尽之意"。弦断要有知音听，两位巴赫以及埃尔加，因了杜普雷，他们的音乐再次焕发出华美的光彩。而杜普雷的琴声于我，却是俗世里的绝响，即使琴弦已绝，却永远宛然心中。

立春

　　李碧华在《霸王别姬》里写小豆子的娘："女人的鞋是双布鞋，有点残破，那红色，像搁久了的血，都变成褐了。孩子穿的呢，反倒很光鲜登样，就像她把好的全给了他。她脸上有烟容。实际上二十五六，却沧桑疲惫。嘴唇是擦了点红，眉心还揪了痧，一道红痕，可一眼看出来，是个暗门子。"

　　后来在《霸王别姬》里看到扮演小豆子娘的蒋雯丽，五官算得上端秀，寥寥几个镜头，一闪就忘记。后来看她演过的不少电视剧，演技不错，但是看过之后也一闪过去了。印象最深刻的反倒是，她其貌不扬的丈夫顾长卫提及当年爱上她的原因："她的瞳仁比一般人要黑……"于是不经意地回看了一眼剧照，觉得长得很像从小带我的小表姐，不由得有了点亲切感。

虽然我几乎看遍了近年来中外所有的好片子，但其中并不包括顾长卫的作品。有一天我拿着遥控器把电影台所有看得上眼的片子翻来覆去地划拉了个遍，最后只好把视线锁到了《立春》，而我最终下定决心观看这部片子的原因并不是导演顾长卫，而是女主角蒋雯丽。

她在这个片子里扮演一个大龄文艺女青年王彩玲，有点胖，有点丑，黑黑的，还有龅牙，偏偏有一副轻灵嘹亮的歌喉。这是她唯一亮眼的地方，甚至为她赢得了唯一的但却并不两情相悦的爱慕。正是因为这亮丽的歌喉，王彩玲总是不甘于被强加在身上的命运：她生活在一个遥远的北方小城，常常需要面对北方暗淡寒冷的冬天，以及暗淡寒冷的人性，所以每每春风又度玉门关，她的心里就会有种悸动："每年的春天一来，我的心里总是蠢蠢欲动，觉得会有什么事要发生。但是春天过去了，什么都没发生，就觉得好像错过了什么似的。"这种若有所待又怅然若失的心情，好像王彩玲无限期待的梦想，每次都春风一绿但又都落了空。

王彩玲有些虚荣，也少些自知之明，总是信心满满地告诉别人：我马上就要调到北京去了。这梦想说多了，她也就认了真。也或者有这么一丝轻狂，所以她对爱情的向往也很容易被粉碎。她爱上三流的业余画家黄四宝。然而，无论王彩玲的告白还是对黄四宝一厢情愿的救赎之爱都被拒绝得体无完肤，到现在我还记得黄四宝跟跟跄跄摔打王彩玲时候的悲愤，仿佛这女人玷污了他。甚至她万念俱灰时的纵身一跳，也并没有结束悲怆的生命和伤痕。人，还是要活下去。

于是她在自闭中无意间又撞见了跳芭蕾舞的胡金泉。在王彩玲的时代，伪娘之风并不盛行。胡金泉堂堂七尺男儿，偏偏举止言谈带着女儿媚，在闭塞落后的小城镇，他和王彩玲一样是个边缘人。很多人都为胡金泉唏嘘不已，而我却觉得他远没有她坚韧。胡金泉用了最直接最极端的手段，向人证明自己是个有正常冲动的男人，而王彩玲并不需要这样的证明。她仅仅是对和自己有着类似遭遇的胡金泉，包括后来以癌症骗取她金钱资助的小歌手，有一份共鸣和同情。也或者王彩玲一直在寻找着自己的群落，而后我想，这个世界上哪个人不在寻找自己的群落？只是大多数人并不知道自己想要找怎样的群落，也就随了大流了。

王彩玲、胡金泉和黄四宝，他们其实都是平凡的小人物，但是却一直梦想着在平庸中开出灿烂的生命。由此，不由得想起那些励志的片子实在有些讥讽，命运不会因为你的坚持，就会赐予你渴望的终点。

正如胡金泉有着芭蕾舞演员的优雅，但是他却不如王子英俊迫人。他长着一张男人棱角分明却并不俊朗的面孔，为了打消人们对他性取向的残酷非议，他几乎是当众非礼了一个女学生，因强奸未遂的罪名入了狱。

都说男人在大是大非前反倒不如女人冷静沉着，王彩玲不需要和一个男人假结婚来摆脱边缘人的命运。但是她渴望一个真正的舞台，可以将一曲咏叹调唱得流光溢彩。她并不美，却有善良和同情之心，因为命运永不赋予她机会，所以她将全部的身家，给了一个自称患了癌症，却渴望在临死前站上舞台一展歌喉的女孩子，甚至为此还搭上了北京的户口。

曾经有一位看过《立春》的人如是写道："让我清楚看到人之为人的'卑微'与人之为人的'尊严'，是的，每一帧画面都是注脚。就好像胡金泉在非礼女生之后，徐徐走去地毯上跳的那一支《天鹅湖》。顾长卫给了他那样的光和影，不属于这个世界似的，但又分明是红尘的人，红尘的故事。它是朴素的和华丽的，是优柔的和决然的，是脆弱的和坚硬的，是短暂的和永恒的，而且，最要紧的一点，它是真诚的。"

关于理想我们如何定义？我们又该如何鉴别一个人才华的高低？生命的好坏我们又该如何界说？

这注脚如同《悲怆奏鸣曲》，就如同片子里的王彩玲，受尽了生命的打击，败得摧枯拉朽，但是却自有尊严。

和对顾长卫一样，我对王小波无感无觉，但是他曾经说："人仅仅拥有此生此世是不够的，还应该拥有诗意的世界。"

只是在现实面前，带链而歌的小人物们又能有多少坚忍不拔地坚持着自己的梦想。王彩玲终于找到了最后的归宿，她领养了一个兔唇的女童，带着孩子做矫形手术，平平淡淡地哼唱着歌谣：

眼眼　梅花点点

鼻鼻　油瓶匣匣

脸蛋蛋　粉罐罐

嘴唇唇　海红红

头发发　观音菩萨萨

腿肚肚　刘二圪梁火柱柱

脚板板　油麻花花握馓馓

然而她的目光总是会越过眼前的生活，回到曾经梦想的舞台，将一首咏叹调唱得流光溢彩。

别离歌

在飞机上忍着腹痛看了部爱情片,网上的直译就是《遇见你之前》,虽然我觉得译名应该更生动漂亮些,但是也只能将就了。网上一片嘘声,曰撑起这部片子的完全靠男主角山姆·克拉弗林的盛世美颜,而女主角的"囧"字眉,胖乎乎的身材和稀奇古怪的装扮则招致满屏骂声。

好吧,且忽略人类的刻薄和残忍。我觉得女主角艾米莉亚·克拉克不失为一个甜美的姑娘,即使她面庞粉扑扑,带着雀斑,没有像样的衣服和迷人的风采，可是她乐观、善良、诚实、充满爱心。人们对小镇上一个挣扎在贫困线的家庭过于苛求。艾米莉亚扮演的那个小镇姑娘，从未见过太大的世面，运气也不怎么好，在一家咖啡馆里兢兢业业干了六年，结果却因咖啡馆关门而失业，为此她不得不接受一份照顾四肢瘫痪病人的工作，或许剧中最玛丽苏的就是这位病人。他曾经是命运的宠儿，英俊健美，出身高贵而多金。所以在因车祸高位截瘫之后，完全不能接受被困住的躯体。失去生的欲望，所以他只肯给自己六个月的生命，然后在瑞士安乐死，结束命运最诡异残忍的折磨。

曾经完美又高傲的人，怎么能忍受眼前的苟且？即使健康又热情的艾米莉亚总想带给他生的渴望。有钱、有颜、有脑、有品位的人，一旦被瘫痪困住，纵然遇到一个鲜活又生机勃勃的生命，也无法焕发新生。

有尊严地死，强过苟且地活。因为爱，所以父母选择尊重儿子安乐死的选择。这些，可能是有些人永远不能理解的逻辑与情感。

所以有一人写道："一群人在影院里哭得稀里哗啦，而我坐在那里不知所措……"

蝴蝶飞不过沧海，没人忍心责怪。

只有一个人说："我完全能理解，因为当我出车祸躺在床上不能动的时候，我所有的念头都是宁死勿生。"

有勇气死，为何没有勇气生？因为死永远比生容易，即使死亡根本不是真正的结束。如果不是为了骗票房的话，男主角实在不该用高颜值的山姆·克拉弗林。飙演技，这部片子远不如老戏骨杰克·尼科尔森和摩根·弗里曼合演的《遗愿清单》。

但是，存在的就是合理的。

终于说服他理容，亲手为他剃掉胡须，露出一张俊美的面庞，她的眼睛里迸发出了爱的温柔和火花，忍不住凝视着他微笑。这种细腻的情感，只顾批评人家穿得像彩色蛋糕的观众怎么看得到？这位像浆果一样甜美的姑娘说："如果你没有截瘫，你的眼睛只会盯着那些高挑的金发美女，四十步之外就可以嗅到她们身上的金钱味道，而我，大概就是给你们端茶送酒的，你永远都不会注意到我。"

没错，她说得清醒，他心里赞同。可是命运翻云覆雨，偏偏让他在重挫之后，只看到他喜欢的那类美女。他的女友，冷漠地离他而去，再安排这样一个不属于富有阶层的姑娘来照顾他。她有点矮，属于微胖系，永远穿不对衣服，但在过多的彩色里又总能透露出点独特的时尚气，一双眉毛夸张到可以跳舞。如果用他那个阶层的眼光看，有那么点小俗气和蓝领家庭里的实际与坚忍以及盲目的乐观。

但她就是那样鲜活、丰满、充满生命力的，一心一意地为了改变他必死的心意而不懈地努力着。他是喜欢她的，谁又会不喜欢这样一个姑娘呢？但深情的爱，必须和时日一起成长。命运没有给他们足够的时间。

如果一定要感动，男主角也好，女主角也罢，悬殊的出身、教养，是一直以来很难配对的爱情，所以我选择看到人性中高贵的一面：为了让失去生之信念的人重振，那个照顾他的姑娘拼尽全力和死神争夺；而宁可高贵地死，也不愿意苟且地活的那个人，选择用他仅有的财富，报答她一个不再被贫困而束缚的崭新梦想。

不管怎么说，我还是挺喜欢那个被人家称为"傻白甜"的小镇姑娘，也不忍心责怪她爱上轮椅上的王子。女人写小说和女人导演的电影，总要加些不入世的浪漫色彩，即使王子不骑马。你不能怪她为了一个高位截瘫的高富帅，而离开四肢健全的男友。因为除了俊美，他还有她从未领略过的内涵与修养，以及骨子里的高贵与克己风度。

行行重行行，与君生别离。稀有的爱要永恒，便不得善终，这是人类永远不能战胜的魔咒。无情何须生斯世呀！

美则美矣，只是不能天长地久……

晚秋

从大洋彼岸飞回家,因时差的关系睡不着,看了一部《晚秋》。

虽然是晚秋时节,但满目都是冬天的寒凉与悲戚,不是我喜欢的风格。

但是看完,心里却有无限感怀。

看到简介上如是介绍《晚秋》:"一个是弑夫假释的女犯,一个是专门'吃软饭'的情场骗子,两个互相隐瞒了身份的陌生人,就这样在邂逅中渐生情愫,在短短三天内谈了一场浪漫恋爱。"

可惜,写这段话的人估计没有好好看片子。这挣扎在人性与世俗边上的两个人,在最初就没有隐瞒自己的身份。

不管身份多么尴尬,那位叫"勋"的男子从未欺瞒过自己的职业。他高大,英俊,却要靠卖春为生,假如真正在现实生活中遇到,或者总会招来侧目与轻蔑。

但是,抛开他并不光彩的谋生手段,勋对于安娜,却是坚实的臂膀,甚至于比那个安娜爱了多年却在毁了她之后逍遥过自己生活的男人要美好太多。

只是,这世界上很多人都不曾理解爱情的真正含义。

爱,不是攫取,而是付出;不是占有,而是只要你要,只要我有;纵使激情不再,依然相濡以沫的深情。

所以,曾经看到一个女子讲述外嫁情节时,无限悲愤地数落了当初自己深爱的男人。然而,我却不太明白,她为何对一个不爱自己的人如此苛责。

那个男人最大的错误就是不爱她而已。但是,爱情强求不来。既然不爱,为什么要苦苦陷入这陷阱里不肯出来呢?

安娜的世界是灰色而绝望的。这绝望与黯淡绝不会因为她临时换一件鲜亮的衣衫,或者涂上美丽的唇彩就被瞬间点亮。让安娜复活的,是那个叫勋的男子。

他卖春,但在安娜面前却依然是顶天立地的男人,替她撑起了一片天空。

关于爱情以至于感情,其实说什么都是没有用的。纵然怎样甜言蜜语,他最微小举动也会泄露行藏。更有很多人不明白,爱情是多么珍贵的感情，不是轻易就可以得到或者给出的情怀。

所以，曾经告诉一个情场失意的朋友：爱一个人的心要去珍惜。但那个人，必须值得你爱。

以前写过这样的句子：每一个女孩子心里都有这样的梦想，希望自己爱的人，高贵、典雅，具有神性的光辉，美好的像画卷上的人物……可以做一世的珍藏。

《晚秋》里，安娜当初错爱了一个自私的男人，并因此令自己陷入几乎万劫不复的绝境。但我在同情之余，却深为她觉得不值。

还好有一个叫勋的男人，如飞蛾扑火般温暖了她的心。高大英俊的勋，虽然身份卑微，但却因为这无私的爱，闪烁着神性的光辉！

所以，希望在无言的结局里，安娜终于等到她的勋，执手相看泪眼，竟无语凝噎："别来无恙……"。

◇

有时候我会想起，张爱玲孤零零一个人地在异国的寓所去世。想起她说："生命是一袭华美的袍，爬满了蚤子。"想起她在《金锁记》里写爱中的女人："七巧低着头，沐浴在光辉里，细细的音乐，细细的喜悦……"以及她最后所有的忍辱不发，必然是哀莫大于心死的凉。

人生到底不是小说，可以在小细节里增加一点点安慰和念想。如鲁迅所说："所谓悲剧，就是把所有美好的东西撕碎在人眼前，毁灭给人看……"

——《生查子》

青玉案

晚上和朋友聊天,她对于中了我文字的"毒"很是不满。也是,因为不喜欢阴暗的东西,所以长了一双寻找美好的眼睛。但光明和黑暗总是互相映衬,昨天写了一篇《立春》,可惜卿非佳人,习惯了看红颜薄命的人总不适应,入了戏的人则疑惑我为何会对这样一个小人物心生同情。

说到美人,恰好有人写名媛唐瑛,据说是个美了一生的女人,并附上了她的照片,但我觉得她只是容颜端正,福泽深厚,衣食无忧,平安离世,算不得天妒红颜。纠结间,想起言语犀利的李碧华说"倘吴王没有因西施亡了国,那西施也不过是浣纱的民女,再美,只有山野樵夫吃吃她的豆腐",不禁莞尔。

都说女人心,海底针,难以揣测捉摸。缜密莫测如海底针的女人心思,也抵不过命运的诡异。现时的人都浮躁,在经历了物资匮乏的年代,蓦然间富裕的中国人难免会怀念曾经的十里洋场,觥筹交错——美人如花隔云端,因为那时候金碧辉煌的美,也还有着多年中西文化浸染的底蕴。再左右逢源的交际花,看着也如闺秀般温婉动人。然而,黑白照片上顾盼生姿的佳人,也不过是后人对那个时代前尘隔海的揣度和怀念。

我曾经在家里珍藏多年的梳妆匣里看到过这样的美人,鬓发如云香腮雪,美得不可方物。也经常听老一辈儿的人念过她出嫁时的盛况,一顾倾人城,再顾倾人国。无论是谁,提起她来总说:"那可是我们这边最一等一的美人儿,真正的大家闺秀。"在这样的耳濡目染中,我在儿时起就对她充满好奇。我是个玉雪玲珑的孩子,老人们总愿意无限娇惯着我的各种求知欲。

她们总是念叨:"那是神仙人物儿的俊俏,且不要说几镶几绲,光是做衣服的料子,都是掌柜的一匹匹地送到府上。头发上别着的发簪,镶着火油钻,衬着那乌黑的发脚子,别提多好看了。"说着说着就神往起来,忍不住用手捋一下已经斑白的鬓角,仿佛火油钻幽幽的灿烂蓝光闪耀在她们的发间。

冬天时,她们会提到她裹在轻盈的青蓝紫皮草里的身姿:"那衣裳啊,听说是专门从外国买的,一般人都压不住场,要是换个人穿,那感觉呀,可就不对喽。就不说衣裳了,手是真正的巧。看中的衣裳,稍微用手量量,回家就能做出更好的样子来。"

她们每每看到我,就会说起她。尽管如此,我对这样神仙样的人物总是无法拼凑出完整的印象,有时候翻过那镶着玳瑁螺钿的梳妆匣子,看到里面那张小照,既熟悉又陌生。后来我看《孔雀东南飞》:"足下蹑丝履,头上玳瑁光。腰若流纨素,耳著明月珰。指如削葱根,口如含朱丹。纤纤作细步,精妙世无双。"捧了去问,识文断字的老人们戴着花镜看了又看:"嗯,对。不过,她的鞋子呀,可不是丝做的,是从外国买回来的。"

小时候在大姨妈身边,我常常会问:"火油钻是什么?"她头也不抬地说:"小孩子家家,懂什么!"大姨妈的眉眼样貌和美人有一点点像。大姨妈大我母亲20岁,我亲爱的妈妈也没有继承那石破天惊的美丽,年轻时虽也算得上雪肤花貌,但她比不上那倾城之美。有时候圣诞节,妈妈会在家里哼歌,我问她是什么歌,她总是说:"我妈妈教的。"

我看不出她们的相似之处。我妈妈端庄内敛,衣服虽然也讲究,但完全不张扬。她有知性的美,写一手漂亮的好字,也画得出最精准的设计图。我妈妈也有一双巧手,但和她的个性一样,都是低调而知性的。她和照片里那光彩夺目的女子迥然不同。

珍藏在梳妆匣里的照片,上面的女子始终不老,但因了岁月的沉淀,散发着古玉一样的温润光泽,只有《青玉案》可以相配:凌波不过横塘路,但目送,芳尘去……另一张照片,却很活泼,海藻一样乌黑的卷发垂下来,衬着如花的笑脸,黑底上绣着精美白玫瑰的大蓬裙,裙子下轻俏的一双鞋子。

我无数次想以这样的女子为蓝本构想一个故事,甚至按照记忆里的样子去寻找同样的鞋子。直到我无意中逛到一家精品店里,看到一双似曾相识的鞋子。店员给我介绍这是复古款的鞋子,鞋子采用精致轻巧的小牛皮,手工模子的限量版。那鞋子价格不菲,我的外公当年是如何宠着心爱的女子,可见一斑。

没有人和我讲起神仙一样的美人是如何逝去的。人们总是避讳这个话题。她们说外公在她去了之后,陡然苍老,常常一个人枯坐。他是一个高大的男人,即便白发苍苍,依然挺拔,但眼睛里已失去光彩。他试图保留过她的一切,但是在大姨妈出嫁时的上百箱陪嫁里,搬家辗转以及历经了沧桑的岁月里,她的一切碎落如月下的花影,一晃一晃地没了。只剩下几帧小照,一只曾经衬着皓腕如雪的钻石镯子,还有她精美的梳妆匣子。而后来这些他留给了我的妈妈,在一次家中失窃后,这些精美的物件儿荡然无存。

我已经不记得我的外公。大人们都说,他对我格外宠爱,大约是我隔代遗传了他对生活的讲究态度。有一天,他晚饭后坐在椅子上小憩,就这样过去了,总算是追了她而去。长大之后,我才知道外婆早逝,幸运的是没有被岁月摧残了惊世的美貌,成了一段传奇。

"蛾儿雪柳黄金缕,笑语盈盈暗香去。众里寻他千百度,蓦然回首,那人却在,灯火阑珊处。"

生查子

以前写过一篇短文《鹤顶红》，说到张爱玲，只想到："鹤立鸡群有什么不好？高瞻远瞩，睥睨人间！"但是，心里面却隐隐为这个女子感到难过。张爱玲生得不够美，但才华横溢，这旷世难遇的才华，令她有傲视独立的个性和风采，但骨子里，她其实只是一个想要同"爱人"相爱到天荒地老的小女子。

张爱玲的小说里，我印象深刻的并不是她最出名的《金锁记》或者《半生缘》，而是《倾城之恋》。张爱玲与胡兰成，如同林徽因与徐志摩，不知被多少人按照自以为的方式诠释了多少遍。事实是，他们相恋于1944年，那时张爱玲24岁，胡兰成38岁。和一个年长14岁又圆滑世故的花心男人谈恋爱，张爱玲势必是要吃天大的暗亏，而且注定要受到伤害。这男人阅女无数，不谙世事的张爱玲哪里是对手，她的心"低到尘埃里面去"了。

新婚不过两个多月，胡去武汉就职，便重新开始了他的猎艳之旅，有护士小周，又有寡妇范秀美。追随而来的张爱玲猝不及防，她曾经以为的刻骨铭心的爱情如此不堪，但高傲而又伤心的张爱玲不是没有希冀的。她和胡的纠缠一直持续到1947年，逃亡途中的胡还时常接受张爱玲的接济。

而在同一年，她写了《倾城之恋》。《倾城之恋》里的白流苏和范柳原，和他们两个并无貌似，但却神似。在张爱玲的眼睛里，范柳原和胡一样，知道讨女人的欢心，也有讨女人欢心的资本，但范柳原和白流苏的爱情由上天来成全，因为香港的沦陷，促成了他们最后的姻缘。

后来，胡悄悄来到上海，他在张爱玲处住了一夜，又走了。他不忏悔和谴责自己的滥情，反倒指责张爱玲在日常生活中的某些细节处理"不当"。他又问张爱玲对自己写的那篇含有与小周交往内容的《武汉记》印象如何，又谈起与范秀美的事，张爱玲十分冷淡。当夜，二人分室而居。第二天清晨，他去张爱玲的床前，俯身吻她，她伸出双手紧抱着他，涕泪涟涟，哽咽中唤了一句对方的名字就再也说不出话来。

大约只有张爱玲自己知道这一声呼唤里有无尽的心酸和绝望。这是两人最后一次见面。

几个月后,胡收到张爱玲的诀别信,时间是6月10日。她在信中说:"兰成,我已经不喜欢你了。你是早已经不喜欢我的了。这次的决心,是我经过一年半的长时间考虑的。彼惟时以小吉故("小吉",小劫,劫难之隐语),不欲增加你的困难。你不要来寻我,即或写信来,我亦是不看的了。"

她很决绝亦不拖泥带水地告别了她心中的"倾城之恋",虽然随信她附上了自己的30万元稿费,给他最后的周济。

而她发这封信的前一天(6月9日),张爱玲居住的上海,狂风暴雨,积水成洼,交通中断二十四小时之久。吴淞口外的渔船被吹翻了一百多艘。有人说:假如那一天,正是张爱玲写诀别信的时候,那种凄风苦雨的心境,怕是悲哀到难以明说吧!

后来又有人评论说:"张爱玲笔下的女子,有一类世故非常,事事都要精刮上算,另一类却爱得单纯,为了保全一段可以放在水晶瓶里,捧在手上看的爱情,宁可先跟对方说再见。"

张爱玲看得透世情,却对自己的爱情无计可施,因为她离世太远,远到她笔下的人情世故,仿佛透彻分明,其实那只是她保护自己唯一的壳。她是一个爱得极为简单又热烈的人,所以因爱带来的痛,也就愈发难以忍受。

许多年后她写道:"那痛苦像火车一样轰隆轰隆一天到晚开着,日夜之间没有一点空隙,一醒来它就在枕边,是只手表,走了一夜。"

但是,他仍然不肯放过她。他千方百计地想要再去勾搭她,但她始终不理。他依然忍不住要在《今生今世》里扬扬自得地炫耀:她,一个如九天玄女般遥远的才女,是如此深情地爱着他的。

后来胡兰成接手了上海黑帮吴四宝的女人之一佘爱珍。他依然不断地给张爱玲写信,并常常和佘爱珍猜测张爱玲接到信时的反应,以此为乐。后来,张爱玲给夏志清的信里说道:"后来来过许多信,我要是回信势必'出恶声'。"

她最终还是回了一封信给他:

"兰成:你的信和书都收到了,非常感谢。我不想写信,请你原谅。我因为实在无法找到你的旧作做参考,所以冒失地向你借,如果使你误会,我是真的觉得抱歉。《今生今世》下卷出版的时候,你若是不感到不快,请寄一本给我。我在这里预先道谢,不另写信了。"

胡和佘爱珍料不到张爱玲可以这样轻描淡写就撇清了关系和立场。但佘爱珍先笑话胡活该,又给他出主意,让他装作没收到这封信,再写信给她,请她看樱花。胡都觉得这主意无赖,但又觉得非常好,俩人又嘻嘻哈哈地表扬与自我表扬了一番,消磨了时日,促进了感情。张爱玲大概做梦也不会想到,她这封信还能收到这一效果。

不管他们如何表演,她始终隐忍不发。他们不过是她笔下堕落市侩又无耻的小人物,距离她"明媚温暖,静世安好"的爱情如天地之隔。曾经有位看客忍不住拍案而起:"谁年轻时没有爱上过个把人渣?"

但更多的人津津乐道张爱玲那样"高冷",居然爱上胡兰成那样的人渣,是因为"他懂得她"。他将她比作"临水照花人",但是在他心里,张爱玲算不得"美"。这种刺激,张爱玲后来写在了《小团圆》里。

他何曾是懂得她的呢?他不过是用了同样对待其他女人的手段而已。而她没见识过,就这么轻易地着了道儿。可是谁又能忍心责怪她识人不明?毕竟,他油滑得已经如泔水缸里的老鼠,而她是一直在象牙塔里写字又第一次恋爱的女子。

张爱玲去世后才出版的《小团圆》，颇被人津津乐道了一段时间，胡兰成自然少不了要被牵扯进去审定一番，"在《小团圆》的结尾，张爱玲写到九莉做了一个梦，梦见青山上红棕色的小木屋，映着碧蓝的天，阳光下满地树影摇晃着，邵之雍拉着她的手臂进屋，旁边还有很多小孩，都是他和她的。醒来之后，九莉快乐了很久很久。"

在人们看来，邵之雍和九莉就是胡兰成和张爱玲。我只默然不语，九莉或许就是张爱玲自己的影子，而邵之雍明明就是张爱玲期望的爱人的影子。一度以为胡可以符合她幻想的爱人形象，但其实他不过是她的臆想而已。

其实是希望张爱玲能找到邵之雍这样一个男子的。但是她只是萎谢了，即便后来世人猜测的与"桑弧"的恋情，也无疾而终。无论旁人如何打探，桑弧始终保持沉默，没有出卖张爱玲的爱情。

有时候我会想起，张爱玲孤零零一个人在异国的寓所去世。想起她说："生命是一袭华美的袍，爬满了蚤子。"想起她在《金锁记》里写爱中的女人"七巧低着头，沐浴在光辉里，细细的音乐，细细的喜悦……"以及她最后所有的忍辱不发，必然是哀莫大于心死的悲凉。

人生到底不是小说，可以在小细节里增加一点点安慰和念想。如鲁迅所说："所谓悲剧，就是把所有美好的东西撕碎在人眼前，毁灭给人看……"

暂得金吾夜

中国有句老话"乱世买黄金,盛世藏古董",多少还是带了买卖的味道。

但在收藏界,有两位收藏家颇得我的敬重:一位是安思远先生,另一位是王世襄先生。

王世襄先生的著作《锦灰堆》,收录文章105篇,内容包含家具、漆器、竹刻、工艺、书画、雕塑、乐舞、忆注、游艺、饮食、杂稿等十二类,皆是他生前收藏、品鉴的精品。

王世襄的夫人袁荃猷善古琴，所以他收藏了几把古代名琴。袁荃猷逝去后，他不忍睹物思人，遂将琴悉数散去。其中一把唐代的大圣遗音，在嘉德"俪松居长物"拍出了891万元的天价，创出当时中国古琴的最高拍卖纪录，后来此琴再次在嘉德春拍上现身，并以1.15亿天价成交。从此，古代名琴万金难买，然而就在这样的逐利和买卖的喧嚣与贪欲之中，王世襄先生却将家传的另一张稀世宋琴，送给袁荃猷指点过的一位年轻人："你懂琴，这张琴，你拿去。"此后，他又将所藏的珍贵明式家具捐赠。万金过手而不假辞色。

王世襄曾自嘲："我自幼及壮，从小学到大学，始终是玩物丧志，业荒于嬉。秋斗蟋蟀，冬怀鸣虫……挈狗捉獾，皆乐之不疲。"

然而，翻看王老先生的集子，篇篇精品，即使是市井之物，也被他玩出了大家之气。他曾经为收藏散尽家财，"用倾世之价为心爱宝物寻一个华贵的寄托，也可以将一言九鼎之约托付给两袖清风的少小知音，虽万金难鬻却举重若轻。"

安思远本名罗伯特·哈特菲尔德·埃尔斯沃斯，是知名古董商兼收藏家。安思远被誉为"明代之王"，皆因他对中国的藏品尤其明代收藏十分精通。安思远于2014年秋天溘然而逝，次年3月佳士得"锦瑟华年——安思远私人珍藏"拍卖会在洛克菲勒中心举槌，毕生珍藏七天散尽，斩获8.16亿人民币。仅一对明代黄花梨圈椅便拍得900多万美金。

安思远曾说："我首先是位古董商，其次才是收藏家。"他在收藏与出卖之间有自己的策略，总是买下整批藏品，又整批出售。只要能卖个好价钱，安思远从不吝于出手。但也有例外，安思远不懂汉字，却钟情书法，他曾经的收藏《淳化阁帖》最善本曾经同时接到来自日本、美国和中国的收购请求，但安思远以远低于日本出价的450万美元卖给了中国。他有珍爱的"古董宠物"，日日把玩于掌间，如同爱抚鲜活的生命。

坊间关于他的另一个传说是他慧眼识珠，认出一块被卖主用来包裹瓷器的破烂包袱皮是唐代刺绣。安思远开价5万美元，经过清洗打理后，将这块复原的精美刺绣以30万美元卖给了美国大都会博物馆。这25万美元赚得漂亮，但安思远其实连那5万美元也可以不用付。

作为古董商人，安思远有他的原则与守信，不买偷盗的古董与文物，甚至于无偿捐献藏品并出巨资修葺安徽的民间古宅。

世人津津乐道的还有他最心爱的翡翠戒指以及他位于纽约第五大道的"暂得楼"。他的家拥有22个房间，铺着紫禁城皇宫里的地毯，走廊上悬挂着古朴精致的紫檀木雕宫灯，书房里摆设的西汉时期鎏金铜熊形摆件在他逝后拍得140万美金。

但除去高昂的价格，安思远的寓所更散发出雅致的文化底蕴。他喜欢中国书法的美感，酷爱唐寅、潘天寿、石鲁和傅抱石的画，而家中装饰是来自商朝的青铜饕餮纹鼎，十一世纪时期西藏的铜瑜伽士坐像，唐代的鎏金观音像，以及来自尼泊尔、印度以及吴哥王朝的雕像和艺术品。安思远钟爱的瓷器是康熙时期的郎窑绿釉观音尊和雍正透明宝石红玻璃长颈瓶。来自法国、日本、中国的古董家具错落有致又和谐地摆放着，展示着安思远对于室内装饰以及建筑空间独到的眼光。

安思远70年代出版的《中国明清红木家具》在西方掀起了明代家具的收藏潮，甚至开启了西方藏家对于中国字画的深入研究。他终身未娶，身后无子，唯一相守的管家也是他的伴侣，于艺术、商业以及收藏和生活的格调,安思远都不失自成一家。

安思远说:"于我来说,艺术收藏为世间最妙的事业。你永远不会厌倦,也永远不会有终点……生活总是趣味盎然。"

只是相比其他人,他更懂得生活是取舍的艺术,而人不过是红尘过客。他暂得,亦舍得。他出身寒苦,却因收藏买卖古董而生活优渥,且不介意他人对自己的毁誉。他懂得付出与回报之间的因果,对赐予自己衣食无忧的中国文化情有独钟又深切爱护。

夫天地者,万物之逆旅;光阴者,百代之过客。而浮生若梦,为欢几何?王世襄与安思远对于收藏的态度,也是他们对待人生的态度,总令我心生向往。

崇高必致堕落,积聚必有消散,缘会终须别离,有命咸归于死。人来到这个世上,身无长物,走时,撒手西归,亦不能带走一草一木,更何况声名利禄、爱恨情仇?放下,是许多人常说的话。然而红尘滚滚,哪个又不是抱着自己的执着不放?

"今岁今宵尽,明年明日催。寒随一夜去,春逐五更来。气色空中改,容颜暗里回。风光人不觉,已著后园梅。""暂得金吾夜,通看火树春。停车傍明月,走马入红尘。"

阿跷的故事

　　阿跷是一位年近花甲的上海爷叔，喷古龙水，穿黑衣。有一只耳钉的阿跷十分时髦："上海牙叔做生意哈有腔调，钞票自家拐了台子高头，面伐够切帮侬免费加。""饶"是出了名，阿跷的小馄饨仍然是五元一碗，面也不到十元钱。这么多年从未涨价，难怪慕名而来的人要排长龙。

　　在"大众点评"上看到对弄堂小馄饨的评价：味道中上，还算不错。威海路的弄堂小馄饨，是传说中的102岁上海馄饨王的徒弟阿跷开的。馄饨王的老店在静安别墅,当时的静安别墅住着中产阶级如银行家、医生,还有做特工的、姨太太,但不论什么阶层都喜欢馄饨王的小馄饨。

而卖了几十年馄饨的阿跷据说是偷学的艺。他的馄饨只在每天早饭前后卖。馄饨一出锅,7平米的店瞬间就人满为患。阿跷的店搬到威海路后,小馄饨还是5元一碗,没有涨价。阿跷自豪得很,他说自己卖的是手艺的成就感。边说边盛了馄饨,舀一勺汤,撒一把葱花,添紫菜,加虾米蛋皮,骨汤一浇,胡椒粉香味扑鼻,12只馄饨便被热腾腾地端到眼前。

阿跷起初只卖早午市,后半天时间就和老朋友搓搓麻将。阿跷念旧,不到十平米的小屋住了几十年,洗澡一定要去老式的澡堂。谈起自己做馄饨,阿跷说得很有道理:"馄饨倒是金,就是苦,和裁缝一样,一针去一针来,这针不下去,钞票不会来。"

阿跷自食其力,赚的是辛苦的踏实钱,良心不会不安。

阿跷从小淘气,跛了一只脚,走路有点拐。他的女儿也常常来帮忙。而常来他店里的食客,很多成了朋友。阿跷本来想得很开,钱够用就行,不用累死累活地做钱的奴隶。他店里没有收银员,一只铁盒放在桌上,钱顾客自己丢进去,百元大钞就压在盒子下面。他也不仔细看是否有人少给了钱,全凭良心。有人少给钱,后面排队的人也看得到,都是熟客,怎么能做这样的事?

但是竞争无处不在,不做晚市的阿跷也不得不破例,在晚上供应砂锅馄饨,分量比早午市的大,还加一个酱蛋,价格卖10元,还是不贵。

没客的日子,阿跷也待在店里和伙计们唠唠家常。他一个人,女儿时常来帮忙，但他也不想拖累孩子，说老了反正住养老院。本来开在弄堂里的馄饨铺后来因故不能继续开了，他咬咬牙拍出70多万，租了临街的铺面房。新店的馄饨和面条价格不变，食客也不辞辛苦地赶来捧场。

他的馄饨里面不放老酒，也没有酱油，就是原汁原味；葱拌面一定是用葱头过热油，才能逼出葱的香味。这些都是老上海的"米道"（味道），很多食客来这里吃的就是回味。有的结婚前来吃，结婚后怀孕生子也来，即使搬家后还一直来，为的就是要吃这一碗回忆里的滋味。

阿跷的食客里还有外国小伙子，起初来吃馄饨，后来爱吃葱拌面，每单必点也只点葱拌面。阿跷和他也会一起泡泡酒吧，拍着小伙子的肩膀称兄道弟，每次都要问人家有没有找到女朋友。

他喜好"敷混堂"，就是喜欢到澡堂里泡澡。搓背后浇一桶热水在身上，浑身的毛孔都张开，然后在浴室的长椅上打一个半小时的盹儿，再心满意足地回家。可惜老式澡堂逐渐都关张了，阿跷洗一次澡花掉十元，附近也有八元的澡堂，但是阿跷嫌脏，不愿意去。

阿跷说，有一句俗语：洗澡要"敷混堂"，水要浑；吃面要吃头道面，一定要第一锅。

他喜欢这种市井生活带来的混浊又适意的温暖和安定，知足常乐，不是太多的人能做得到的。

阿跷赚安心的辛苦钱，不贪心，不黑心，不占别人便宜，对生老病死也看得蛮开，没有一般人以为的商人的精刮上算。他的生活很朴实，不乏热闹，却没有多少市井俗气。

我看了，不知为什么，总觉得阿跷活得很自在。

在这个世界上，能活得自在、坦然，也是一种智慧。

咚咚锵

　　一大早，解放跑来敲门，说准备要琴棋书画学起来，免得弄一身钱味儿。

　　被我兜头浇了一瓢凉水："解放你还是老老实实赚钱吧。琴棋书画这种事你还是省省吧，你琴棋书画去了，你老婆孩子吃什么？"

　　解放姓牛，大名牛解放。他其实是八零后，之所以取了个"解放"这个名儿，是因为解放爹很想要个女儿，自从解放妈怀孕起就起好了一个女孩儿的名"牛小丽"。谁想解放生下来，一点也不女相，解放的爷爷从老家赶过来，一语定乾坤："男娃娃叫什么小丽，就叫解放好了。"

解放对于自己的这两个名字都不甚满意，因为觉得土。可是爷爷一言九鼎："想改名儿？门都没有！"爷爷一瞪眼，解放吓得溜着墙角出门，后来想想，眼下都时兴改文雅的名儿，大不了他改名，勉强能两全。

解放本来和我素不相识，但辗转听说了我，托了朋友介绍认识。实话说，我对解放并没有恶感，除了有点爱显摆和喜欢漂亮姑娘，解放努力赚钱养家，过上了吃穿不愁的小日子，经常出国旅游见见世面，宝马车和劳力士也都齐备了，老婆孩子都很满意。

但解放爱钱之余，总觉得心里空落落的少了点什么。

这或许是解放与生俱来的不安全感，钱能给的安全感实在有限，解放对于自己的未来战战兢兢，如履薄冰，生怕一睁眼，辛辛苦苦的打拼都不过是黄粱一梦。解放把全部的心都寄托在孩子身上，对于儿子的培养下足了功夫。无奈还是解除不了心中的空落。

后来解放打算找点信仰，拜了有名的法师做弟子。法师弟子太多，解放充其量也就能混个脸熟，人生的真谛还是模模糊糊。解放还是不踏实。

认识我以后，解放起初颇为挑衅，从各个领域挑战我的极限，无奈我总是不太热络，弄得解放无可奈何。慢慢地，解放的好胜心气儿终于有了点回落，他开始钻研我喜欢的一切。因为搞不清我到底财力是否丰厚，解放觉得只能从智力上比拼。

我理解解放的高心气儿。他是竞争大军里出来的，特别是独生一代，父母殷切的期望，对于孩子未来的焦灼，恨不能让孩子百艺傍身才能安全到达彼岸。被这样焦灼和不安全感浇灌下成长的解放，承接了父母的担心与忧虑。在其乐融融的天伦之中，总是带着希望自己能出类拔萃、衣锦还乡的心思。

焦虑的解放有时难免会找我讨论孩子的教育，以及未来。解放唠唠叨叨的时候，我通常是不说话，不分辩，也不鼓励。说实话，我觉得解放同学对于一切的看法都太天真了。但是，人有我见，只能顺其自然。

对于解放学习琴棋书画这事儿，我算不上不屑一顾，但多少觉得他是在附庸风雅。解放在这个世界上最爱的就是闪闪发光的钱。我总觉得他就应该诚实地爱钱，赚钱，最好不要装着去爱琴棋书画。因为在我看来，钱和琴棋书画并不冲突，冲突的只是追求者的内心。

解放对于我的忽视非常不满，但是在和我打交道的数日里，也逐渐建立起了一种对我的尊重，有别于他对于圈内的酒友，也有别于他对于异性的花心。用他自己的话说，他渐渐空落的心，在和我说话的时候，还是慢慢沉静了下来，不管什么事，只要我搭理他，就觉得有了方向。

解放同学说，他想拜我做老师，可是着实又拉不下面子。我老老实实告诉解放，做不了他的老师，人生本就是个旅程，可以是历练，可以是假面舞会，也可以是一路奔波地追求遥远的"金窗"，最重要的是自己，而不是找个人依靠。

解放是个男人，总不能找个女子靠着。更何况，我那柔弱的肩膀，实在也撑不住芸芸众生的疲惫。

解放还是不死心，他依然热热闹闹地贴给我他每日的行程，我有空的时候看一眼，没空的时候就放过去。

解放常说，他在人间走一遭，习惯了热闹的红尘，没有热闹，他总会浑身不自在。他最不能忍受的就是一个人待着，胡思乱想的时候，总要跳起来去找同伴，才能摆脱那种孤独寂寞感。他总想了解为什么我深居简出，可以独处一隅，甚至对他人刻意的冷淡或者追捧都无动于衷。

我不能回答解放这个问题，我只能告诉他，我连别人刻意的冷淡或者追捧都没有注意到。如果那样，实在活得太辛苦了。

解放说，要过年了，你怎么过？

我回答："过年了，就是咚咚锵，热热闹闹。过完年，就等桃花开了去赏春。"

解放又呆住了，他总觉得我不喜欢热闹，谁想一转头，我竟然拿着红彤彤的花灯，有说有笑，和他印象里清幽高冷的形象完全不搭。

解放问："默蕾，人生到底是什么？"

我说："解放，我那天在微信上贴了这个回答，就是洗手净指甲，做鞋泥里踏。"

解放不死心："那是什么意思？"

"就是烂泥里种莲花！"

解放丈二和尚——摸不着头脑。但是他渐渐偃旗息鼓，如同被逼上梁山的林冲，红尘里误了的五陵年少……忍不住泪眼婆娑。

◇

很多人的失落，是违背了自己少年时的立志。自认为成熟，自认为练达，自认为精明，从前多幼稚，总算看透了、想穿了。于是，我们就此变成自己年少时最憎恶的那种人。

——《鱼丽之宴》

猛虎与蔷薇

少不更事的时候,我常常会被美丽的意象迷惑。青春似酒,虽明澈清洌,但是却不如未来世界历经沉淀之后的绵长醇厚。幸运而又不幸的是,过于保护我的父母深恐我对这个现实的世界失去理想和信心,他们处心积虑地给我描画了一个充满人性之美的理想国。而每一个少年在成长中必经的烦恼,是对自己未来的定位。在纳凉的夜晚,浩渺而又神秘的夜空如同人生的未知世界,美妙而魔幻。这份奇幻的感觉,我曾经在宫崎骏的漫画中重温,温暖、单纯而又美丽祥和的世界，像一颗发芽的种子，蔓延在心中。

而无意间邂逅的英国诗人西格夫里·萨松的诗句："在我心中，有猛虎在细嗅蔷薇（In me the tiger sniffs the rose.）"，是我心中完美的人生境界，带着优雅均衡的美感，可意会而不可言传。猛虎与蔷薇，前者阳刚，后者阴柔。阴阳两极，刚柔相摩，是千变万化的大千世界。提笔写一个"人"字，一撇一捺，左右均衡，人才可以在天地间站稳。

倘若世事如棋，人生如诗，那么"心有猛虎，细嗅蔷薇"的意境，余光中或许已经诠释得淋漓尽致："人生原是战场，有猛虎才能在逆流里立定脚跟，在逆风里把握方向，才能创造慷慨悲歌的英雄事业和涵蕴耿介拔俗的志士胸怀，才能做到孟郊所谓的'镜破不改光，兰死不改香'！同时人生又是幽谷，有蔷薇才能独隐显幽，体贴入微；才能看到苍蝇搓脚，蜘蛛吐丝，听到暮色潜动，春草萌芽，才能做到见微知著，洞若观火。完整的人生应该兼有这两种至高的境界。"

而我还记得初次看到这段文字时的怦然心动，彼时豆蔻梢头二月初，青春的花季恰如待放的玫瑰一样绮丽幽香，而人生路上可能的起伏跌宕，都是远处的无限风光。但在这激昂的文字背后，确乎少了一些充实和切实的经历。因为大多数人所拥有的，不过是平凡而又平淡的一生。这平凡而平淡的两极，才是高峰和低谷，以及我们向往的慷慨悲歌和独隐显幽。可是浮丽的文字并不能充当精神的食粮。如今回头看曾经的岁月，不禁吃惊，自己是如何在这现实的世界里打拼，却仍然矢志不渝地保有最初的纯真情怀的。"猛虎细嗅蔷薇"曾经只是我心中隐约的意象，仿佛遥远而美丽的"金窗"。但是这并不会阻挡我对这个意境的探索。每个孩子都对自己的未来做过不切实际的规划和幻想，而我的，确乎有些不切实际的荒唐，我希望长大成人的那一天，好像破茧而出的蝴蝶，做一个完美的人，内外兼修的完美。

有一位圣贤曾如是说："关于人类，我不得不说：他们总是忘恩负义，容易变心，有着虚伪的外表，善于逃避危难，更会为了追逐利益而不择手段。"然而，这一说法有悖于父母对这个美好世界，以及书中对于完美人性的描绘。也许是本能，也许是一种美好的期许，我总是选择相信后者。一部《少年派的奇幻漂流》近乎残酷地将这两者联系了起来，这部充满魔幻色彩的影片，脱胎于一个真实而残忍的现实："海难的劫后余生，一个名叫"理查德·帕克"（Richard Parker）的少年，被密谋杀死，他被同类分食并成为他们得以生存并获救的唯一食物。"然而在充满魔幻色彩的镜头中，一切的残酷都被掩饰和隐藏起来。仿佛是"林中莲花"精美的花瓣里包裹的人牙：曾经被杀的少年在这一生中，从被杀变成了最后唯一的生存者，而少年与虎在海上漂流200多天的艰苦求生中，"食母才得以生存"，为着安慰自己和活下来，他编出了与虎同游的奇幻之说。

在现实面前，最早死去的总是纯真。在导演的镜头中，却偏偏选择用现实的残酷演绎纯真。"他把第一个故事描绘得极为精美，对第二个故事（弱肉强食）吝啬到一个镜头都没有，对第三个故事（食母）甚至只肯用隐喻来承载。他把现实包裹在美好的糖衣之内，又在现实里放入残酷夹心……至于观众愿意剥开几层糖纸，则取决于他们自己。"

这部《少年派的奇幻漂流》因影片中具象的"猛虎与人"引发了人们对于"猛虎与蔷薇"的争论：正是少年心中未泯的兽性——虎，才帮助他得以生还。更有人说猛虎便是人性中最深层的兽性，人都是残忍而冷漠的，为求生存可以不择手段。那些美丽如海市蜃楼一般的幻境，少年在极度恐惧、饥渴和垂死挣扎之时幻想出来的美好就像纯洁的莲花。

倘若人生的磨难会激发本能的猛虎兽性，是否在内心的坚忍不拔和纯真信念便是蔷薇花开？而我恰恰认为是纯真和对理想神性的渴望使得他坚守了生命。人生不经过残酷和残忍的洗礼，又怎能孕育重生？生命的苦难是为了对比生命之美，而不是让人堕入可怕的深渊。这就是信念的力量。因为"信"，才可以看得见"奇幻之美"。

这世上总有人不愿意相信任何美好。因为在他们看来，那些看起来很美的，背后必然是见不得人的丑恶。他们或者天性多疑，或者善于伪装，或者受过伤害。这些人在看到美好之时，第一个念头便是渴望看到美好面纱下熟悉的残酷与丑恶。一切万物唯心造，猛虎之于兽性，蔷薇之于人性，究竟哪一面是幻灭，凭本心判断。

这或许是上天给予人类的难题，"倘若仅仅保持纯真，却不能洞悉陷阱和残忍，那是'无智'的愚蠢，但是可得永生的欢乐。而如果开启智慧之门，则会深味命运的残酷和生老病死的苦楚"。如何在洞悉残酷和丑陋的同时，保有纯真情怀和信念，这便是人性最优雅均衡的黄金分割。

我看过一段极为优美的文字，讲的却是天地大义："天尊地卑，乾坤定矣。卑高以陈，贵贱位矣。动静有常，刚柔断矣。方以类聚，物以群分，吉凶生矣，在天成象，在地成形，变化见矣。"阴阳平衡，刚柔并济，是"生者所寄，死者所归"，所谓均衡有常，则天下太平。

然而这均衡绝非东方人为人处世的"中庸"。有一位大师曾说：为人、仪表、才能、智谋、出身都已经完美无缺，就贵而无位，高而无民。意思是太完美和太高贵，则天妒英才，没有出路。譬如霸王有勇无谋，汉王有智失德。于是刘邦得了天下，而项羽却名垂不朽。这是上天的平衡之道。参破人生机缘的人，希望借此了结欲望之苦和生死之苦：倘若不能浴火为凤，便赴水为禽。然而，凤凰难道不是涅槃而重生？

东方人多食草所以慧而巧，西方人多食肉所以勇而猛。智慧与勇猛之间的均衡，首推意大利人马基亚维利（Machiavelli）的《君主论》："君主应当效法狐狸与狮子。由于狮子不能够防止自己落入陷阱，而狐狸则不能够抵御豺狼。因此，君主必须是一头狐狸以便认识陷阱，同时又必须是一头狮子，以便使豺狼惊骇。"

均衡并非一分为二，不偏不倚，均衡之中最完美的那一点，恰恰是黄金分割的0.618处。猛虎细嗅蔷薇的那一刻，举重若轻。据说拿破仑兵败滑铁卢，脚下正踏在完美的黄金分割比率相反的地方。伟大的亚历山大大帝利用0.618的排兵布阵，以一当十，赢得了著名的阿贝拉之战。这也许是另一种对猛虎与蔷薇的理解：猛虎之于勇猛，蔷薇之于智慧。最佳比例是智慧占多一点点。

生而为炎黄子孙，我曾经在多个国家生活，这绝非偶然，仿佛有些宿命。而父母从事的职业或多或少都有些东西兼修，而他们无意之间给我缔造了一个东西方文明交汇的成长环境。对一个孩子来说，东方婉约、含蓄，带着千年沉淀的文化古韵和美丽的象形文字，无论身处何地，都是记忆中珍藏的五彩锦盒：云卷云舒的黄花梨，美丽古典的苏州园林，洁净精微的精神世界，黄宾虹笔下的泼墨山水，精美绝伦的敦煌壁画。无论大江东去，抑或小桥流水，生而知之的东方文化，仿佛是智慧的明灯，点染了一个孩子内心深处的空灵。而伟大而荣光的古希腊与古罗马，轻轻开启了西方文明的神秘迷宫。玩而求索，西方的艺术、哲学、人文、宗教和历史，都在看似漫不经心中浸染着身心。对我而言，西方世界讲究准确、直观，有着缜密的逻辑和规则，从不拖泥带水，即便是曾经浮夸而华丽的巴洛克与洛可可，依然遵循了西方固有的井然秩序。

偏偏我从事的职业却是和以上无关的商业。东方人常说"无奸不商"，西方的商业却讲究诚信和道德。商业道德是我在商学院里印象最深刻的一门课程。诚信与道德并非西方人与生俱来的禀质，而是无数次惨痛教训的结果：英国最负盛名的巴林银行因一个职员的违规，轰然倒塌，并由此引发了欧美金融界对业内的严格监察。欺诈可以在一夜之间，毁掉世界上最大的能源、商品和服务公司之一的安然公司（Enron）创下的商业神话，引发美国有史以来最大的商业破产。信贷的作假，如多米诺骨牌，造成美国经济最大的衰退和房地产产业的崩溃。商学院里大量的商业案例分析和实践，目的是教会学生从失败中学习教训，从成功中汲取经验。商学院从不避讳对金钱、权力、名利的热爱和追逐，但是他们宣扬"为富要仁"，成功富有的人不能忘记回馈社会。这是应该严格恪守的取舍守衡规则。

在现实生活中，合作者的态度往往是"不信"和"疑虑"。"用人不疑"往往只能停留在表面。然而，"信任"是多么难能可贵，被"信"，则士为知己者死；能"信"，则是人生至高的境界。互信，是最完美的结合：恰如猛虎相信自己不会被蔷薇的花香醉倒，而蔷薇亦不担心猛虎的兽性践踏。然而"信"的基础，是拥有信与被信的资格。

君子怀德，小人怀土。君子怀刑，小人怀惠。心有猛虎，细嗅蔷薇，绝不是任何人都可以拥有的情怀和境界。正如在《少年派的奇幻漂流》中，如何解读那层层莲花瓣包裹之下的人牙，以及美妙奇异遮盖下的残酷。这奇幻之旅并非一个少年无法直面的残忍冷酷的兽性和现实。仅仅看到纯真的人，无法深味人生，而看到残酷不再保有纯真信念的人，则永堕深渊。唯有，看尽残酷、欺骗，却仍然保持一颗赤诚之心，才能真正经历这奇幻之旅，才是"知者不惑，仁者不忧，勇者不惧"的真正谦谦君子之道。

文字如是，艺术如是，历史如是，哲学如是，做人亦当如是。

一个人的烟火

看过一段话:"很多人的失落,是违背了自己少年时的立志。自认为成熟,自认为练达,自认为精明,从前多幼稚,总算看透了、想穿了。于是,我们就此变成自己年少时最憎恶的那种人。"

周六的清晨被凉意惊醒,白天还是炎热如盛夏,凌晨却起了寒意,这一点只有身体敏感的人才能体会。

于是,靠着沙发在网上闲逛。

我发现,我还是喜欢生活中美丽祥和的一面。

只是，任何一种风格都做不了全部的主宰：我喜欢日式典雅细致的餐食与碗碟，但绝不是无印良品的忠粉；也喜欢看朝霞的瑰丽与晚霞的灿烂，但有时候还是更爱薄暮的黄昏与繁星满天的夜晚；我喜欢条理井然的秩序，但并不介意因时间仓促而凌乱一下的生活；在网络互动和实际生活中，其实我的话是越来越少的，除非必要说的话，或者不得不扮演的工作角色。

即使心里有丰富的四季，却极少再有说出来的冲动。对于复杂的人性，即便有一针见血的洞察力，也不愿意再去戳穿。总有人试图控制我的人生，但无一例外地被闭之门外，而我常常挥一挥衣袖，不带走天边的一片云彩。

两个人共处是要有相同的精神高度的。我以为这话适用于任何两个人，上下级、朋友、恋人、父母与子女之间。

龙应台说："人生，其实像一条从宽阔的平原走进森林的路。在平原上同伴可以结伙而行，欢乐地前推后挤、相濡以沫；一旦进入森林，草丛和荆棘挡路，情形就变了，各人专心走各人的路，寻找各人的方向。那推推挤挤同唱同乐的群体情感，那无忧无虑无猜忌的同僚深情，在人的一生之中也只有少年期有。"

深以为然。

即便常常看到很多人为了物欲和名利不择手段，也洞悉了诸多华丽的背后往往是空虚的心灵，但这些于我似乎毫不相干，因为这是别人的选择与生活，实在轮不到我去评判。我不介意做精神上的富翁，但绝对不会让自己的生活沦落潦倒。倘若你问我对金钱的看法，我认为金钱是一种保障，有钱让人至少没有缺钱的烦恼，但是在我的生活里，金钱就只是北宋交子的原始状态，它只是朴素又安分守己地保障着我的生活,却永远无法做我的主宰。而对于强加给我的丛林规则,我也总是漫不经心地远离。

所以,即便有很多认识的人,也有一些朋友,却没有几个知交,然而我并不介意:看一部好看的片子,听一曲清灵的音乐,看一幅颇有意境的绘画,以及读一本我喜爱的书,都能满足我与创作者的神交,而不会感到寂寞。

"真正的知己可遇而不可求,或许终其一生,我们也遇见不了邝文美,遇见不了子期,遇见不了莱纳德。这真是遗憾。但在遗憾之前,你一定要问一句自己:那些明亮的人,如果与你相遇,你是否有与之相匹配的分量?不至于成为廉价的信徒(也必成为廉价的叛徒),而是终生的至交。"

我也常常从他人的口中听到别人对我的揣测,小到一个工作上的决定,大到我的生活,他们遵循的是人类利益社会的普遍原则,但这些揣测对我却每每落空,因为那些原则不是我所崇尚的生存法则。

浮生若梦,既然明知滋养生命的都是腐殖土,看看那些盛开的花朵、碧翠的枝叶便好,不必潜入底部去看腐烂的过程。譬如运气不好遇人不淑,要么舍弃,要么合上原装还给始作俑者,或者随手将之化作肥料,也不失为义举。所谓"春有百花秋有月,夏有凉风冬有雪。莫将闲事挂心头,便是人间好时节。"

谁的人生不琉璃

看了篇文章《谁的人生不流离》,说的是旧日明星胡蝶与阮玲玉。我却想改两个字:谁的人生不琉璃?

以前写过几篇文章,关于"琉璃":"有一种美,既脆弱又神圣,虚幻而夺目。它的名字叫琉璃。浮世的爱情,大多数如琉璃工坊里的玻璃残渣,激烈燃烧之后迅速地毁灭。"曾经在我的眼睛里,琉璃不够剔透,只有在灯光下,才能焕发五彩迷离的光芒。琉璃,缺少内在自发澄明的光彩,所以我爱水晶胜过琉璃。

只是那个我曾经以为的琉璃，原来叫"瑠璃"，那曾是西施滴在爱之信物上的一滴珠泪；范蠡铸剑时于烈火冷却时偶得的琉璃，赠予西施，象征坚贞之情，然而却送她去做"红颜祸水"。

越国灭吴之后，西施的下场据说有二：被越夫人沉江；和范蠡归老田园。我宁愿相信第二个结局，但心里却知道很可能是第一个。

范蠡很聪明：明知越王"长颈鸟喙，可共患难，不可与同乐"，更感叹："飞鸟尽，良弓藏；狡兔死，走狗烹。"但他却助越王卧薪尝胆，三千越甲可吞吴。一个如此有才能和智慧的人，为何牺牲自己心爱之人，去做"不义"之事？

依据《史记》和《越绝书》的记载推测，不外乎四个字——"建功立业"。所以，再怎样姿容绝世、才貌双全的女子，也很容易成为牺牲品。甚至还有人说："西施若不入吴国，最多也就是几个山野村夫吃吃她豆腐，更是一种埋没。"

但换作是我，纵然他风采绝世，也绝不会爱上范蠡。

可惜天下女子，易入情执，误于情障，即使是才貌俱佳的女子，倘若没有智慧，仍然"始知锁向金笼听，不及林间自在啼"。

如昨日和几个朋友笑谈，曰人生有两大不幸："梦寐以求而不得，梦寐以求而得到。但这两大不幸的更大不幸，是梦寐以求而得到却又失去。"只是大部分人，只能一遍又一遍地说服暗示自己，或移情别恋，或心理暗示，逼迫自己接受这个现实。这是世事之无常，也是人心之无常。

人之在世，不如意者十之八九。顾城说：人生可生如蚁，而美如神。我不赞同。卑微如蚁，很难有美如神的气度。在我看来，李贺的一首《苦昼短》胜过柳永的风月无边。"俱怀逸兴壮思飞"的情怀，远超"东风恶,欢情薄"的离愁别绪。

常常看到很多人,畏惧他人的目光而随波逐流。殊不知,地狱便是他人的目光。有一次和一个朋友描述东西方文明的差别。东方是更包容兼蓄的文化,太极为一,阴阳为二,一便是二,二便是一,永远是"不分"。

功名看器宇,事业看精神。每句再改掉两个字:文章看器宇,品德看精神。我本风雅,何惧他人说我浮华?

人间里走一遭,是一场修炼,目的是为了变得更完美,更圆澄智净。但真正的琉璃,"乃自然之物,彩泽光润逾于众玉,其色不常",而琉璃也是"土多金银奇宝"中的宝石,而不是人工烧炼的瑠璃。因此,西施再美,身世再传奇,因少了内在的澄明,只能是范蠡炼剑而生的瑠璃。

琉璃人生玻璃梦。谁的人生不琉璃?是身如焰,由渴爱生,莫如愿我,身如琉璃,内外明澈,净无瑕秽。

风花

曾经看过一段对风花的描述：在日本，入冬的第一场雪叫作"风花"。纷纷扬扬的雪花从天空飘下，宛如风中开出的花，但比花更轻柔，还没来得及感觉到寒冷，已经融化了。随风而生，随风而逝，这也许就是"风花"的来历。

那个写风花的人说："看风花的时候就让我们认真安静地看，只感动当时当刻的幸福。"

"当时当刻"这四个字极尽讽刺，又相当悲凉，恰恰是转瞬即逝的爱情与幸福。

因此,我始终觉得这世界上最动听也是最无常的话是:我爱你。

豆蔻年华的爱情往往如风花,似雪月,浪漫无边,美好得像偶像剧。然而现实里的人生,理想与现实总难两全。

年少时的爱,总是单纯而羞涩的,不过是文具盒里发现的小小纸条,折成美丽的千纸鹤,或者是放学路上宁愿多绕路也要陪你走一段的少年,或者是圣诞与新年时收到的包装精巧的礼物,无意中眼神扫过他时的慌乱。少年的爱,总不是以得到为目的。他们只是单纯地喜欢,关注着你。甚至于你不过答应一个骨折的同学会去看他,谁知他竟然打着石膏站在门口翘盼,从盛夏的正午一直等到日落西山;又或者他为了去你上学的那个城市,硬生生舍弃了自己想要去的学校。

他们笨拙而又热烈的情怀,不顾一切,却近乡情怯,又恰似锦绣青春,稍纵即逝。这也许才是美好一如风花的爱情,只属于少年。

历经风雨的爱属于父母一辈,相濡以沫,即使只有柴米油盐,但一路相伴相知,不离不弃,是最难以割舍的深情脉脉。但这时,爱情已经蜕变成亲情,抵足而眠,鼻息相熏,耳鬓厮磨,没有了最初的激情与热烈。

所以我很少写爱情,尽管这是千古不衰的题材。但是溢出青春之外的爱情,往往已经变了味道。那些世俗的考虑,甚至于得失的估算,在成人世界里实在屡见不鲜。

渡边淳一在《丈夫这东西》里,非常诚实又尖锐地写道:"丈夫这东西像是没长大的孩子,有着不沉稳、不安定的特性,他们明明已经结婚了,却还是把目光转向外面的花花世界,经常想离家出走,经常想把老婆给换了……他还随时会为别的女人心动、着迷、欲生欲死。他们不像女人那样集中地爱一个人，努力营建自己的小家庭，他们总是四处张望，心浮气躁，心思也时常处于飘荡在半空之中的状态。"

对于男人而言，初恋恰如风花，是最难以忘怀的情愫。因为历经了爱情之后，他们迅速地成长为女人们无法熟悉的动物。

譬如始终爱着陈家二小姐的林语堂，即使到暮年仍然痴怀难舍，而他的发妻却坦然面对，对女儿说："你爸爸心里最爱的是陈家二小姐，可是那个与他过了一辈子的妻子却是你们的母亲廖翠凤。"

这话在我听来，总是自欺欺人的感觉，不免替她有些不平，但她自欺而来的幸福，却也并非一无是处，因为在很多人看来，这不失为一种大度和贤惠，甚至是难得糊涂的典范。

爱情，最初永远是清澈见底的，似酒醉人，但经不起生活的浑浊。有的人爱那混沌、看不到底却很熟悉的一种感觉，令他们感到安心。

然而，我却总是觉得岁月沉淀的爱，其实与风花般晶莹剔透又稍纵即逝的美好情怀无关。我最爱的句子之一是：谁能够保持青鬓长年少？谁又能永远年少春衫薄？只有苍翠欲滴的青春，才配得上随风而逝的风花雪月。

所以很少有中年人会去看爱情偶像剧，因为他们已经过了那道坎儿，永不能回头，他们知道其实相爱不是刹那的心动，而是磨合与相知的过程。娶妻生子之后，等在前面的是垂垂老去的岁月，令人心惊，却回避不得。

如《美国丽人》里的凯文·史派西，或者《洛丽塔》里一树梨花压海棠的畸形之恋，他们只是惧怕这无法逆转的衰颓，只有青春似酒，才能唤醒曾经澄明如泪的爱，即使饮鸩止渴。

我心里常常感激宫崎骏，因为他温暖而又纯真的动漫，总是让我忘记人世间的丑陋，已经白发苍苍的宫崎骏，难得地保持着风花一般美好的情怀，好似冬天里暖暖的阳光，五月里淡雅的槐香。

所以，我看风花的时候，很少会触景伤怀。

生病的智慧

　　西蒙娜·德·波伏娃写过一本书叫作《人都是要死的》。这个标题让我觉得很有意思。世间万物，生住坏灭皆成定律。但是我们人类，大概是这世上唯一拼命的、想要长寿的一族。所以我们大部分人，对于自己的色身也就是身体，极为爱惜。

　　据说，我小时候，有位民间的云游高士无意间说了一句话，大意是说这孩子聪明绝顶，但就是身体不好，凡僧即道，方可解厄。我父母并不信此说，听之随风而散，当然更没有把我送去修佛学道。从出生到成长，我并不算太坎坷。聪明是聪明，七个月便开口说话了，十个月的时候就已经伶俐地让每个见到的人心生欢喜，五岁不到便已经开始识文断字。而后成长，也算不负父母苦心，课业优秀，人品端庄，深得师长喜爱。

但果然，身体不大好。小时候是经常发高烧，几乎每七年必大病一次。尽管如此，我还是长大成人，亭亭玉立，根本看不出疾患的影子。但是若说生病不苦，那也是骗人骗己。7岁的时候，感冒发烧，忙于工作的父母无暇照顾我，结果扁桃体发炎一路转下去，几乎要命。于是被关在家里休养。

大约从5岁起，我就喜欢看父母从图书馆里给我借来的书。这些书现在想起来都很有些意思，比如《格林童话选》《古代希腊神话传说》《少年科学》等。而我再长大些，就知道自己去找书来看。我的父母一个学建筑设计，另一个是机械设备和大型工程的专家，我家的藏书却很丰富。所以没用多久，诗词歌赋，四大名著，都已经被我翻了个遍。对于父母认为"老不读三国，少不读红楼"的论断，我也总是置若罔闻。到后来书不够看，连父母的枕边书也一并拿来看了。

这些书，无论中外，启发了一个孩子的智慧之旅。譬如我很小的时候便懂得：日本的园林是基于禅意风格；唐宋传奇乃至于唐诗宋词元曲明清小说里的世界其实也是对历史的解读；古希腊罗马传说里的天神都可以在西方艺术里找到影子；欧几里得的几何学也是一切建筑与雕塑的根本……

后来发展成即使上学，我书包里每天都有一本课外书。如果自习上完了，其他的同学在一起打打闹闹，我不是在那里描图画画，就是抽本书自娱自乐。当然后来也不仅仅止于看书，网络、电视以及任何引起我兴趣的媒体都能够打开世界的一道门。

在我看来，世界极为奇妙，好似万花筒般迷离闪烁，只要打开一扇门，就会打开一个丰富的小世界。我后来写过一篇小组合文，说我有一个如七宝楼台般的小世界，这些小世界恰恰是大世界的组合。而每个小世界里都能遇到人类最睿智的圣贤，隔空和他们神交，无论音乐、艺术、文字、数学、设计都是他们最珍贵的赠予。后来我看武侠小说，前辈给偶遇的后者输入内功，源源不绝，当时想，对了，就是这样的感觉。

我读书，看电视或者网络闲逛，从不死记硬背，但遇到好的文字，往往不自觉就在心里了。即便没有刻意去记，每次的浸染对于灵魂与精神都是补充和完善。或者通俗一点说，如同物理与化学作用，有时候是量变到质变，有时候恰恰就是电光火雷般的激燃。

然而，我此后竟然选择了匪夷所思的商学院。直到系统地学习后才发现，原来从商是另一种智慧：不是尔虞我诈，也不是无商不奸。成功的商业取决于市场和消费者、定价、成本控制、市场营销、品牌战略、金融分析、商业诚信、职业道德……缺一不可。只是在顶尖的商学院里学习，加上参加的实习项目，我常常凌晨还没有睡觉，也常常不计较三餐的给养是否丰富。

这种刻苦再次成为我的阿喀琉斯之踵，此后不久的岁月里，也备受身体不适的折磨。但很有意思的是，当我专注于这些修养与刻苦的训练时，竟然会无视身体的不适。甚至大部分时候，我只有在晚上回到家里时，才觉得筋疲力尽，无限劳累。

和大多数人不同，我似乎生来就知道自己来到这个世界上，不是为了什么现实的目的。可是外表上，我绝不是一个离经叛道的人。相反，不断地提升与完善，似乎才让我觉得生而有意义。

生病似乎如影随形，我对于自己的身体不那么顾惜，但是在有意无意中看了很多医学知识之后，也了悟到人体本身就是一个值得探索的世界，奇经八脉、五脏六腑、生害关系，而这些竟然与天干地支、四季寒暑都有千丝万缕的联系。东方文明真是博大精深啊！

西蒙娜·德·波伏娃在《人都是要死的》这本书里如是写道：人人都有罪，要终生补赎，人人都是背负着苦难生活在世界上的。然而，有一个叫福斯卡的人获得了不死药，并希望以不朽的岁月去征服无垠的大地，按照他的理智建立人间天堂。但是在历经欧洲近六百年历史的风云变幻，体验了人生的荣辱福祸之后，福斯卡终于明白，从历史的角度看，一时的胜利会成为日后失败的伏笔，一时的失败也可能是日后胜利的种子。从有限的人生来看，一切成就还是具体而微的，胜利来临而失败未至的时刻，人总是征服者，不管未来如何是奈何他不得的。

倘若摒弃文化和国度之间的障碍和区分，波伏娃的这本书其实正是东方"福之祸所系，祸之福所倚"的辩证思想。如果再延伸，世间的一切都是生住坏灭，却又生生不息，所谓"方生方死，方死方生"。一段生命的结束，标志的是另一个生命的开始。如果有幸到古老的恒河边，你可以看到焚烧尸体的火炉冒出的白烟，未燃尽的骨灰被倾倒在恒河里，而不远处，人们正在河里给新生儿洗礼。这便是人生。

波伏娃在书中说："大自然永远不会向我们泄露自己的秘密，因为它没有秘密；我们自己虚构了一些问题，然后又炮制了一些答案；我们在曲颈瓶底发现的只是我们自己的想法，这些想法历经几个世纪，变得烦琐复杂，形成日益庞大精微的系统……"

你问我,为何对于自己的身体没有那么爱惜?因为已知一切因缘。倘若不生病,我绝不会探求更深的生命意义,也许只是浮于表面地谈论,却不能深味生死三昧。

梨园春梦

　　在北京的时候，去吃了一次梅府家宴。不为别的，只图一份清雅。北方的数九寒天，寒气逼人，车在胡同里拐来拐去差点蹭了别人的车，又步行了200米，才看到梅府家宴的牌子，不大的门楼，挂着两盏红灯笼。

　　来得早，被让进旁边的小花厅里喝茶。服务员在吧台那里擦杯子，用玻璃杯倒了一杯热气腾腾的茶。这小花厅看来是后改的，并没有特意的布局，家具随意摆着，略略有些凌乱，在原来的房檐上加了一层玻璃做顶，抬头一看，玻璃已经黑乎乎的脏了一大半，还落了些残枝败叶。见我仰头看了好一会儿，服务员便解释："屋顶好久没打理了，不过一般人也都不朝屋顶看。"

倒弄得我不大好意思，只好朝他笑了笑，低头看玻璃杯子里的茶叶慢慢舒展开，心里想：泡茶到底还是瓷杯更相衬些。

到了饭点儿，管家一路带着，熟络地介绍，梅府家宴是梅兰芳大师的儿子梅葆玖特意置办的，宅子原来是清朝一位贝勒的侧福晋住的，光门口那棵枣树就有200多年的历史，走廊都搭了玻璃顶子，挡了不少寒气儿，但空气中弥漫着一股异味，似乎养了什么宠物，多走几步，果然看到屋檐下挂着两笼鸟雀，扑腾上下。墙上挂着梅兰芳大师的演出剧照，还有一个玻璃柜子里展示着大师当年的戏服。

我被异味呛得有些心不在焉，草草观看后就被带到了吃饭的侧厢房。梅府家宴一共只有几桌，都要提前预订，据说没有现成的菜谱，都是厨师根据时令配菜。落了座，几位已过中年的服务员穿梭忙碌，说的是端正的京片子，点了推荐的一壶梨茶，并没有想象的清甜适口。桌子上放着红色洒金的菜单，用端正的小楷写着当日的菜单。写字的人有些功底，但笔画处少了一丝力道和飘逸。

上来的冷盘中规中矩，花48小时熬制的鸳鸯鸡粥算不得惊艳，烧汁鳜鱼略有点腥。即使是被网上盛赞的摆盘，在我看来其实也不过尔尔。虽说是淮扬菜为主，但也许是到了北地，就少了江南的那份地道的精致。

服务的梅嫂态度很好，顺便和她们闲聊。看着屋子里摆的几件家具像是老式翻新的，一问果然是老家具，可惜后来上了漆，不能不说是败笔。吃了饭，梅嫂来问对菜品的意见，犹豫了一下，告诉她们，菜的味道不错，不过鹅丝可以略加一点点清口的小香菜和碧绿的葱丝儿，冬天给顾客上鱼汤或者虾仁时可以多备一小碟红醋或者一点点白胡椒粉去腥。

我咽回去的几句话里还有：冬天不通风的走廊最好放梅花，若是冷香的蜡梅更好，免得混着鸟雀粪臭呛鼻。门口的花厅要摆的雅，遮盖的玻璃顶最好清理干净，让人一抬头就可以看到碧清的天，或者夜空里的明月和繁星。泡茶即使不选骨瓷，也最好是淡雅一点的白瓷……

也许，就差那么一点点。但那么一点点，就是差别。走的时候，顺手看了一下梅府家宴的英文介绍，最明显不过的语法与用词错误，忍不住叹了一口气。

我不是梨园中人，除了有段时间迷了一阵儿《锁麟囊》《牡丹亭》等，对于戏曲的兴趣实在一般。咚咚锵的锣鼓点儿，唱念功夫与水袖身段儿，偶尔看看消遣。但想起誉满全球的梅先生，总觉得这梅府家宴少了点什么。

旅途归来，一半为倒时差，一半为过年的消遣，看了陈凯歌拍的《梅兰芳》，还是觉得少了点什么。听着杜丽娘幽怨地唱："没乱里春情难遣，蓦地里怀人幽怨……甚良缘，把青春抛得远。俺的睡情谁见？则索因循腼腆。想幽梦谁边，和春光暗流转……"

想起那夜寒风吹透衣衫，蓦然打了个冷战：原来，神没了，味也就没了，哪里能得其精髓呢？

桂花落

天凉了,一霎时曾经满园的桂花香突然就没了痕迹。我还记得秋雨潺潺的那个傍晚,我路过院子里的桂花树,被那种特殊清甜的芬芳所吸引,所以在树下驻足。一阵风来,掌心里接了金色的落蕊,凑近闻闻,香气宛然。地上的泥泞里也都是金色的落花,但落在手心里的,却不愿意再扔回泥里,便装在上衣的口袋里。

去一个朋友家,她问:"你身上是什么香水,淡淡的很好闻。"我说不曾用过香水呢,突然想起,原来口袋里的落花还有淡淡的余香。

待回来，从袋中抖出桂花，装在一个绿色的小碟里。这小碟子是我从日本买回来的，只有巴掌那么点儿，像翡翠白菜的造型，因颜色是淡淡的果绿，所以很清新。

满城的桂子香，总让我想起远方的父亲。无论身在何处，他最喜欢的永远是江南水乡的那种婉约精致的美好。我记得小时候的家里，夏日里是栀子花，散发着幽幽的香气；节气时做的酒酿小圆子，总是撒着桂花，有着别样的风味。

小时候翻过家里的影簿，里面有一张父亲站在三姑太身边的照片，穿着一袭白色长衫，剑眉星目，是长身玉立的美少年。我父亲的祖上有西方血统，虽然家族里的姑姑和姐妹都有江南女子的婉约，但眉眼却不是东方女子的模样，都有深邃的眼眸，高而挺直的鼻梁，脸型纤巧有致。而我父亲身材高大，高鼻深目，脸部的轮廓更为立体清晰。

三姑太是我爸爸的姑姑，嫁得好，却没有子嗣。到了中年又寡居，却仍有一种端丽的美，即使是梳着最不容易衬托容颜的发型，也不能掩盖骨子里的端雅气质。她很爱我的父亲，虽然后来又收了一个养子。我小时候在她身边待过几个月。她还给我看过一匣子的金首饰。待我长大再去看她时，她得了心脏病，脸浮肿得发亮，再也没有往日的风采。房间里也乱七八糟，绝不是我记忆里的书香盈满的整洁居室。她拉着我的手，气喘吁吁地说了半天，我才听清她很想给我些念物儿，可是金首饰已经散光了，曾经美丽的衣裳也都没了踪影，很是愧疚。我想起她小时候给我做过的一件蚕丝棉的小袄，心里十分的难过，这就是人生之无常吧。

我曾经住过的城市有春城和花城之誉，却也真的名副其实。一到春天，樱花、紫玉兰，还有各种知名或不知名的花，开得一路娉婷，风姿绰约。开车经过那些花路，都有一种微妙的赏心悦目。可是父亲常说，江南的风致只有中国才有。这世上哪里的风景，都比不上江南的十里荷花，三秋桂子。

从前我总是不太注意父亲语气里的抱憾与怀念。直到我回到中国，慢慢适应了江南的风物、景致和人文。

盛在小碟里的桂花慢慢枯萎风干，淡淡的金黄蜕变成黄褐色。时至深秋，桂子香已经散尽了。凑近闻偶然留下的这小小一点落英，已经没什么味道。想了想，还是加到茶里吧。

滚水一冲，第一泡洗尘，湮湮的水汽里润出了桂花香。

有人说，能让干枯的玫瑰复活的只有激情一样的美酒。而让桂花重新散发清淡隽永的芬芳的，大概是惜花的柔情吧。

当时应逐南风落，落向人间取次生。

喜乐的曼达拉

霜降一过,枯草霜花白,寒窗月影新。

地上都是缤纷的落蕊。空气里的桂花香,带了些清冽,有点像严冬里蜡梅的寒香。

桂花的香很奇妙,可以弥漫整座城。但是凑近了闻,却若有若无。

这几年,几位我敬爱的师长相继去世,生死相依,但每当我想起,还是会思念他们。

"太上忘情，最下不及情，情之所钟，正在我辈"，"入林不动草，入水不动波"，这是圣人的境界。

《诗经》里的《卷耳》："采采卷耳，不盈顷筐；嗟我怀人，置彼周行。"很多人看不懂，于是有个人解释说："采呀采呀采卷耳，半天不满一小筐。我啊想念心上人，菜筐丢在大路旁。"这样翻译过的《诗经》，是不是很可爱呢？采采卷耳，是思念一个人最简单的模样吧。

简，却不是简单啊。

常说大道至简，可是人却总要绕很远的路才能彻悟。好像田螺姑娘问我："人生中的意短情长，到底是该无心还是有意呢？"哎，修行不到无心地，万种千般逐水流。莫道无心便是道，无心犹隔一重山。

小当的病差不多好了。最后一次给他做艾灸，小人儿活泼乱动不肯安静，还有十万个为什么可以问："你给所有的小朋友都治过病吗？"

"没有呢，只给你和哥哥，还有一个比你们大的男孩子治过哦。"

"那你会给其他的小朋友治病吗？"

"不一定哦，治病要有因缘。"

"人为什么会生病呢？"

"四季有六邪，人吃五谷杂粮，当然会生病呢。"

他眯起月牙儿一样的眼睛说："我很喜欢你，所有的人都喜欢你。"

我笑着拍了拍他的小脸："你这个小人儿，今天早上吃了多少蜜啊。"

"因为你漂亮,是那种很好看的漂亮,又有智慧,还会治病,也很善良。"

面对一个孩子真诚的赞美,我竟无言以对,只好说:"怪不得你妈妈说,你的身体里有一个老灵魂,说话都一套一套的。可以起来了,病好了比什么都好呢。"

他一下子跳起来:"给你看,我万圣节的时候是蝙蝠侠。"

"嗯,真帅。"

"你知道我现在想干什么吗?"

"你想抱我一下,还想亲我一下,对不对?"

他有点沮丧地垂下小脑袋:"被你说出来就没意思了。"

有位圣贤说:"之前我总以为是我在教化众生,后来我才明白,其实是众生教化了我。"

无论走到哪个阶段,有人仰望你,亦有人俯视你。抬头自得,低头自卑。唯有平视,才是真实的自己。

过去事已过去了,未来不必预思量;只今便道即今句,梅子熟时栀子香。

深藏功与名

从前我对"投资银行"(investment banking)不感兴趣,因为仅仅把它定位成一个"钱多但极累"的金融专业,所以在商学院选专业的时候,我曾经毫不迟疑地避开了投行,即使课间时大家都在津津乐道上一届的校友入高盛第一年,光奖金就拿了几十万美金,或者某位投行专业的帅哥穿着哈佛的校恤在酒吧晃一晚上可以获得无数美女的邀约。

每个人心里都明白,即便你进了投行,未来也是玻璃瓶里的青蛙，前途看似光明，实际路并不好走。一场金融风暴来临，华尔街就可能满是被裁掉的牺牲品。

但，如苍蝇嗜血，世界顶尖的银行，金融市场上的短兵交接，以及优厚的报酬仍然吸引着诸多精英杀进投行。而这些顶尖的投行，只在前二十名，不，前十名商学院中挑选后备军。

2008年美国次贷危机引发的华尔街海啸，几乎"血洗"华尔街：雷曼兄弟银行破产，美林"委身"美银，华尔街哀鸿遍野，但高盛却得以逃脱一劫。因为早在2006年，高盛就通过风险控制与预测嗅到了次贷危机的潜在信号，并当机立断第一时间撤离了房贷市场。

好莱坞关于华尔街题材的影片里，最著名的是《大空头》(*The Big Short*)和《商海通牒》(*Margin Call*)，大约是这次风暴最直接的诠释。有人说比起前者，《商海通牒》太过单薄。而实际上，这部片子才是举重若轻，真正反映了暗流汹涌的危机和风暴。

虽然专业不同，但《商海通牒》一开篇的"大规模裁员"几乎是再熟悉不过的流程。裁员是每个大公司都会经历的"洗牌"，通常"裁员"也会有一定的政治因素，比如不合时宜地提出了与管理层相悖的经营理念，或者最简单粗暴的理由，为了赶在华尔街给出亏损报告之前迅速降低公司运营成本与费用。作为片中负责公司风险预测部门的埃里克不幸成为了第一类的牺牲品。但恰恰是他正在分析的数据，切中了投行的次贷危机可能引发的大崩盘。

埃里克临走之前把未完成的数据交给了下属彼得，后者对抵押支持债券或抵押贷款证券的动态资产池进行了现金流回测。他利用两年的数据建立了回归分析模型，预测风险因子同资产池单个资产的现金流关系，在计算流动性冲击对资产池的影响时，又更正了市场极端对

copula相关矩阵的计量影响，然后他又计算资产账目表上尚未打包出售的抵押贷款证券资产和已经打包还未出手的CDO价值，这时候他惊讶地发现新的模型显示，如果市场下滑25%，那么期权行权带来的损失将超过整个公司目前的整体市值！

非金融专业的人，看到这里想必云里雾里已经头晕目眩。就这样一个小小的模型，意味着整个公司的毁灭吗？实际上，数据分析、风险控制、模型预测在整体商业中占据着非常重要的位置。即使实战经验丰富的管理团队对于某种风险不无感知，但只要缺乏直观的数据，通常会选择视而不见。

办公室政治和盲目的自信往往会成为看清危机的盲区。埃里克提出了风险，却没有办法完成最终的数据模型。而做出了危机预告的彼得成功引发了高层的关注，大老板凌晨搭乘直升机亲自召开救急会议。所以在这场风波里，还有商业道德与危机处理，甚至规避法律惩罚以及嫁祸于人的不择手段之间的挣扎与争斗。

抛售自保成了公司唯一的筹码，受到巨额奖金刺激的交易员要在几个小时内抛掉所有抵押贷款证券，而等待他们的仍然是被裁回家。

投行负责人曾经对下属如是说："当你踏入这个行业，能让你立于不败之地的只有三点：保持第一，保持敏锐并且懂得欺骗（Be first, be smart, and cheat！）"

理性而无情，但却一针见血。

但在影片里，当埃里克被裁掉黯然离开之时，他的下属彼得仍然顶着压力，亲自感谢埃里克的栽培与关照，而整个交易部的负责人山姆出于商业道德反对大老板的抛售自保策略时，管理层为避免不测寻找山姆的下属威尔做接替人时，威尔却说："我相信山姆会做出正确的选择，而且我必须声明一件事，不管山姆做何决定，我都和他一致。"

这是片子里唯一让人感动的地方，再冰冷的交易厮杀里也难以泯灭人性的善良。我常常想，如果再做一次选择，我是不是还是会放弃投行？也许是，也许不是。因为在非投行的职场生涯里，也必然会面对道德与前途的抉择。而在道德与前途的抉择中，我曾经为了道德而放弃了前途，我也曾为了友谊而放弃了自我，但是后来发现，纵然可以绝地反弹，人性在现实面前却不堪一击。尤其是这就是因果和运气吧。虽然有人形容人类社会永远是"弱肉强食"的丛林，但我仍然觉得总有一天坚持的信念会反过来拥抱我们。君子爱财，也必取之有道。

庄子"和光同尘"的处世哲学，是隐匿光芒的深藏功与名。这曾经有悖于西方宣扬的"自信"与"光芒四射"的人生态度。但是却有助于我们看清前面的路，以及遇到的人。

神话

  小时候我是个冰雪聪明的孩子，7个月就会说话分辨人，只是多病。都说"贵人语迟"，所以想来不是贵人。此后遇到一个异人，看了我一眼说："功名美器，造物惜之，不与人全。这个孩子聪明绝顶，十分出众，但唯太聪明，所以身体不好。"他的话，姑且听之，姑妄信之，但心里，终究是不信的。

  我的成长和大多数的孩子没有什么不同，除了爱看书，喜欢琴棋书画。所以5岁多一点，字还没有认全就开始看书，古希腊、古罗马的神话,西方的童话,东方的《山海经》《西游记》《红楼梦》,乃至父母书架上的各种书,都已经看了。西方人的天神,不乏人性之恶,众神之神宙斯实在好色,森林之神又太过贪。半人半神的阿喀琉斯(Achilles)被母亲浸在冥河里永生不死,唯有脚踝处是死穴,所以人最大的弱点,便是阿喀琉斯之踵。爱神维纳斯有美丽的腰带,能颠倒众生。她在希腊语里叫做"Aphrodite",已经算很好记的了。

天下父母的共性无非望子女成龙凤。丁点儿大,就要我读唐诗宋词,说是不要忘记中华民族的根本。虽然很反感死记硬背,但喜欢的诗词歌赋倒也是看几眼就记住了。偶尔还要为难一下父母:"喏,'山光物态弄春晖',解释一下嘛。"

我喜欢孙悟空,正直聪明本领高,一个跟头十万八千里,大闹天庭,只是最后还要收起本领跟着唐僧去历经八十一难。乃至长大一点,天文、地理、自然、医学,也都会随手翻翻。等上学了,哪怕在课堂上开小差画画,成绩还是名列前茅。上中学的时候,有一次和哥哥去旅行,他不知从哪儿弄了本《镜花缘》,旁征博引,星相医卜,琴棋书画无一不有,我入迷地看了一路。在《镜花缘》里,唐王对上天不敬,上天派心月狐下凡扰乱李氏江山,便是武则天。有首诗"无上甚深微妙法,百千万劫难遭遇",是武则天写的,气势逼人,原来小说里说她是从天上下来的。

东西南北,神话究竟是神话。人类到月球上看过,哪里有嫦娥和玉兔;宇宙飞船探秘,太空里也没有天庭和神迹。

纵然生活在别处,我在骨子里仍然最热爱中国。因为实在是美,中文表音象形表意,字典里翻开一个雨部:一切云情雨意,宛在其中。能和写下《夜莺颂》的济慈媲美的,怕是李商隐了。可是中国还有苏东坡、白居易、李清照,蓬莱文章建安骨,中间小谢又清发。更不要说东方的丝竹、青瓷古画、天文星宿,简直是美轮美奂的七宝楼台。

不管身在何处,美丽而渊源悠长的东方文明,始终是一个孩子心中最温暖的"神话"。

蜀素帖

倒时差,睡不着。看了一眼米芾的《蜀素帖》。写得真是漂亮,用一位画家的话说:"能让人盯着看得像个傻子。"

蜀素本来是极为名贵的绢帛,上面用黑色的丝线织就信笺般的格子,称为乌丝栏。但是此绢帛不易受墨,毛笔写在上面迟涩难行,稍不留神就会让墨汁弹溅或凝滞。据说传了三代,亦无人敢在这寸金寸锦的绢帛上写字,直到38岁的米芾。董其昌用了四个字来形容其中的精妙:狮子捉象!

我娘的字写得极好，不过她是个低调的人，决不肯留墨宝，曰："人外有人，天外有天。"就这一点而言，我还是很佩服她的素养。

才华这种事，虽不能当饭吃，但是看过了顶级的书画，一般的舞文弄墨就极难入眼。

书香门第的才子写得一手行云流水的好字。我收了一幅摆在家里。他来问如何，我说："写得很好了，我反正写不出来，唯缺了原帖的力透纸背。米芾的字八面出锋，非凡人之功。"

才子没有恼，反而以为是知音。真是难得。

做个简单清澈的人多好：不以物喜，不以己悲；不在乎是否讨人喜欢。人心无常，喜欢不过一霎那，不喜欢也是一霎那。你能控制住哪个"霎那"呢？

画《千里江山图》的王希孟只有十八岁。那样丰美精细的青绿山水只有十八岁的少年才画得出。米芾写《蜀素帖》三十八岁，青春已过，但炉火纯青，挥洒自如，有相当的自信不会毁了名贵的绢帛。

人生的好时节，也总是刹那芳华。此后就难免多了沧桑的味道，遒劲虽然是一种风骨，但难以抵得上年少时的青翠欲滴。

生活在别处

我不喜欢千篇一律的房子——仿佛没有灵魂的人,仿佛约定俗成却毫无意趣的生活。

我在中国看到的房子,或者说家居设计,无论中西,常常太刻意而呆板。售楼处的各种样板间足够奢华,但仔细看,千篇一律,大都是抄袭而无个性的设计,实在不讨人喜欢。

新闻主播安德森·库伯(Anderson Cooper)在巴西的小渔村安了一个舒适的家。我很喜欢这座明亮整洁的小房子,就算外墙是简朴的旧木，家具也绝非奢华簇新，但是那柔和均衡的色彩和家居，古朴又温暖，足以让人卸下旅途的疲惫。

人们总错会了"家"的含义。家，是一个人足以放松，没有负担，回归本源的地方。不需要豪华的大理石，也不需要烦琐的各种装饰线条。但是足够典雅、整洁、明亮，又温和。

我写过最难忘的文字，是《葬我于雪》中对于童年的记忆：屋檐下有蜿蜒的常青藤，雨声，润着苍翠的喉舌；阳光从斑驳的树影中漏下来，温暖地洒在身上；一群红蚂蚁，轻轻爬过脚背……

暮春或者初夏的黄昏，我可以安静地坐在那里很久，看暮色潜动，苍蝇搓脚，蜘蛛吐丝。那种宁静祥和的心意，在成年后也常常会有。

就像我们的心，本身不需要各种各样的妄念和面具去遮掩，但是人们总忍不住去遮掩。

我是一个途中的旅人，步芊芊的灰白的路头，内心却不会落寞惆怅，因为这世上所有的风景，纵然是幻化无常，但真空生妙有，过去不留，未来不追，当下不执。

我曾经对一个人说："我不过是一个旅行中的行人，途中歇脚时给有缘人讲讲故事，从不期望任何人把我看成圣者，也从来都认为自己是一个普通的行人。"

三千年读史，不外功名利禄；九万里悟道，终归诗酒田园。

生活，本来就在别处！

此去渺人烟

凌晨下起了雨,是我期望的清凉。今天是一个特别的日子,上苍满足了我的愿,但还差一个共修的圆满。圆满不圆满,只是人的心意,无须强求。

以前我写过《雨季》:雨,总是一种温柔的萦绕,慢性的纠缠。往事有了雨,就更容易追怀。

想起有一年,我回国,路过书店买了王世襄先生的《锦灰堆》等一堆书,一路拎着回家。书很重,用几根带子捆着,我的手指很纤细，勒得生疼破皮，但是心里却很欢喜。

乐此不疲，只能是自己喜欢做的事。

其实我以前的日子过得不赖，因为不喜欢热闹，交际能推就推，反而有足够的时间读书、写字、习琴，"被酒莫惊春睡重，赌书消得泼茶香"。想去哪里，念头一起就去了。

朋友们对我的评价很有意思，总觉得我是个安静、细腻、敏锐的人。但是我其实是个拿得起放得下的人，有一面幽默爽脆，遇到谈得来的人，不问出处，金龟换茶（我不喝酒）千杯少，自此一麾江海去，却不回头。

我父亲那一系是混血血统，高鼻深目，轮廓分明，我母亲偏偏面目柔和，好像旧上海月份牌上的女子。我折中了父母的特点，是个五官端正的华夏子孙。但是在爱好方面，切切实实随了娘亲。

她喜欢画画，大学时候的课本各种涂鸦。喜欢读书和艺术，字写得惊艳四座，于是荣辱不惊地做了建筑设计师。以前我写"园林"，提到基因的奥妙。我小时候并不喜欢的建筑室内园林设计，长大后却常常是我身心放空的妙方。

我在上海时，她老人家跑来看过我几次，虽然不耐烦，恨不得第二天就飞回去，但看到我布置得很清雅，推了推金丝眼镜说："哦，不错。"

我妈妈自小对我很严厉，我琴棋书画的各种爱好，在她看来全都是不务正业。好在我没有长偏，按照父母的期望成为令她脸上有光的"别人家的孩子"。以至于，对于我放下一切去修行这事儿，对他们来说，最初是匪夷所思，极难理解的。

儿大不由娘，父母也不能怎么着。我自以为已经放下了很多，但仍然被很多看不见的桎梏困着。

人是生而自由的，又无往不在枷锁之中。

这几天，总有朋友来问我那句"我来这世上，是和人结欢喜的缘分"。千人千面，回答时总不相同。

但因缘分而来的，终有因缘尽而别的时候。

一位师长写了一封信给我，不长，我翻来覆去看了很多遍："望莫再蹉跎岁月，看破幻化世事……"

曹溪路险，此去渺人烟啊。

曾经的西贡

　　曾经在越南度过童年的玛格丽特·杜拉斯，有些神经质和迷茫的错乱。我并不喜欢她，但她有段文字却写得很有气概："爱之于我，不是肌肤之亲，不是一蔬一饭，它是一种不死的欲望，是疲惫生活中的英雄梦想。"

　　我对西贡的印象，或者说对于东南亚大部分国家的印象，多少有些像她在《情人》中描写的那样：混乱，嘈杂，湿热，流下的热汗黏在皮肤上，却又渗透着一种异国风情的美。那大约是，讲究秩序又略觉得寂寞的西方人，欲罢不能的一种吸引。美国著名女星杰西卡·阿尔芭演过诸多的片子里，她最不愿提及的是《字典情人》，然而我却觉得这是她唯一演绎得极为精彩的角色。这也是西方对于东方的进退两难：他们鄙夷东方缺乏秩序与整洁优雅的环境，却沉溺在其中而无法品咂出被吸引之处。但令人拍案惊奇的是，浸染在东方文化中的西人，无论导演，还是设计师，都能表现出一种惊艳之美，轻浮单薄又艳丽，绝不是八大山人笔下留白素雅的意境和唐宋文人的雅洁精神。

凯瑟琳·德纳芙和文森特·佩雷斯合拍了一部片子《印度支那》，恰是西贡的风土。此时的凯瑟琳已然美人迟暮，但她一袭红衣，依然桃花万丈。西方最初对于东方的认知：只有印度和中国两个国家，而印度支那便包含了越南在内的地域。

"西贡"一名，大约在明初才出现。从明成祖永乐三年至宣宗宣德八年，大明帝国曾派遣郑和七次下西洋。在这七次下西洋后，不少东西亚、中东沿海、东非等国家也向明朝进行朝贡或贸易。而在当时，西贡便是西来朝贡船只停泊的一个港口。久而久之，这里就被称为"西贡"，有"西方来贡"的意思。1975年4月30日，越南民主共和国（北越）统一全国后，为纪念越南共产党的主要创立者胡志明，便将西贡市改名为"胡志明市"。西贡改名之后仿佛失去了异国风情的面纱，但城市还是从前的城市。街道无一例外地脏乱，要小心地跳过破碎地砖中的积水，酒店却出奇地整洁而有格调，和外面的喧嚣杂乱是截然不同的世界。

西贡这一点和清迈很像，却又少了清迈那种安然若素。它依然在新旧交替中不断吸收调整，街上的标牌是英文和越南语，咖啡馆带着法国的风情，酒店里的服务生穿着奥黛，电视节目是熟悉的英文频道。我在中国生活久了,已然忘记了曾经成长于斯的西方。但是在西贡,在炽热的阳光下穿过有衣衫褴褛打盹儿的垂垂老人的街巷,街角处总能冒出法式或者意式风情的咖啡馆和餐厅,竟然也不觉得冲突。

凯瑟琳·德纳芙在影片中说:"年轻时我以为世界上总有些东西是紧密相连的:男人和女人,高山和平地,圣者与凡夫,印度支那和法国……"其实仔细一想,纵然西贡没有法国恢宏的建筑,但法国也真的和西贡一样,有一种混乱的优雅格调:即使是街边不起眼的馆子,也藏着无上的美味,一切都带着天生的闲散,即使优雅也掺杂着浮夸、沧桑和单薄,然而你总不能否认它是美的。

这大约就是西贡迷人的地方:像曾经美丽的女子,"款款述说年轻时候烈焰熊熊、惊心动魄的爱情。字句之间,她满目疮痍的面孔时隐时现;出现在视线之中的是腰如蜂、肤如蜜的少女胴体,可凝视的目光却已千山踏遍、阅尽悲欢。"

就像数月前我曾经一直想写却忙于琐事而不能写完的《开到荼蘼花事了》,也像我不愿揭破的世事与世情:

海上月是天上月,眼前人是前世缘。向来心是看客心,奈何人是剧中人。

香云纱

周日的阳光正好，订了位子去吃饭。已近深秋，挑了一件香云纱的长裙穿，配了在洛杉矶的小店里买的金色耳环。店主是一对印度夫妇，所以耳环就带着异域风情的美。但日常是嫌隆重了些，一直收在首饰盒里。

香云纱，名字听起来很旖旎，却并不柔美。相反，莨绸的颜色暗淡，年轻的女子穿着总嫌老气。奶奶在世的时候，倒颇喜欢香云纱凉爽的质感，总是做了一身又一身。夏天在阳光下，香云纱隐约的花纹闪着微光，有一种典雅的美。

以前我并不喜欢香云纱，因为我钟爱的颜色，或者幽雅宁静，比如宛若夜空的幽蓝，雨过之后的天青色，淡淡的粉紫色；或者明亮宜人，比如纯正的朱红，好像宫女臂上鲜明的守宫砂，天鹅绒一样质感的墨绿，以及娇艳如花朵般的玫瑰紫。

香云纱，是从泥土里重新焕发生命的色彩和花纹，所以难免带着如泥土般的厚重和质朴感。第一眼看过去，香云纱绝不华美。但，如果衣裳的样式好，还是有一种古典的美。

现在，我的日子相对简素，从前的锦衣华服大都束之高阁。有一次，一位朋友来看我，见我穿了一条家常的纯棉碎花田园系连衣裙，颇吃了一惊。她总以为我是个很有仪式感的人，心里又暗喜，觉得我终于不把她当外人了。于是欣欣然系上小围裙，准备给我下碗小面。

嗯，也对。以前有朋友笑话过我，说哪怕出门吃个清粥小菜也要配个相应的打扮。

病了好几年，为了不值得的公司和人，抱病坚持工作，久病拖成大病，已经不复曾经的明艳动人，但面对生死劫，却多了一分从容不迫，处身复杂的世间，反倒潇洒自如。

就像娇艳的蚕丝，经过河泥的浸泡，又经日晒雨淋，终于蜕变成沉静的香云纱。

吃饭的地方很幽静，隔着落地窗可以看到秋日里斑驳的阳光和树影，心里也很安静。有一位姐姐正好发来微信说，受了我的影响，心情也沉静了很多，想要做一辈子的朋友。

一辈子，好像还有很长时间，只是世事无常。总觉得在这世上闲逛得太久，秋收冬藏，是时候该好好照顾自己的色身了。

我对那位姐姐说：要做个喜乐的人。心里想，等我写完最后一篇随笔，又该隐了。文章的名字已经想好了，和我看过的一本书一样，叫作《喜乐的曼达拉》。

相思始知海非深

上海有一家素菜馆，叫做"吉祥草"。我茹素，所以在一个周五的傍晚，不辞辛苦地跨越浦东浦西，赶去吃素菜。大约是周五的原因，一个小小的馆子，挤满了等位的人。餐馆旁边开了一间小小的书屋，可以供等位的客人阅读。我信步走了过去，抽了两本书来看，一本是生活琐记，另一本叫做《平如美棠，我俩的故事》。

生活琐记那本书写得真好，但究竟是太清淡了些。《平如美棠》的封面是很喜兴的红色，有图有文字，诙谐生动。我只觉得眼熟，后来想起曾经看过的一篇文章,叫做《赤白干净的骨头》,写的就是"平如和美棠"。

这本书的作者叫饶平如,用写实插画的形式写了一生的故事,从幼时的启蒙,到后来结婚、生子、战乱、文革,从年少不知柴米油盐贵的日子到历经了战争,与妻子22年的分离,到晚年含饴弄孙之乐,最后他心爱的妻子美棠撒手西去。他剪了一缕她的头发算是留了个念想,但是心里还是难过,于是他一心一意、一笔一画地把60年的恩爱和悲欢离合画了下来。

他的妻子叫美棠,他初见她时,两个人还都是小孩子,美棠8岁,他11岁,或许他竟不知小小的美棠将来会做了他的妻。书的封二,是平如和美棠的年轻时的合照,黑白的基调里,那是一对幸福的璧人。美棠算不得是美人,"美比好看好,但好,比美好",所以在平如的眼睛里,美棠的笑容灿烂如三月的春花。

90岁的老人,难为他记得那些点点滴滴。岁月可以淹没一个人的生命,却夺不走深情的回忆。年轻时经历过的战乱、炮火,文革期间遭遇的分离、磨折,并没有让他变得颓废或者世俗,他依然深情,脆弱而又勇敢地守护着一生的感情。和美棠分离的22年里,他几乎保留着她的每一封来信,小心翼翼地把它们粘好,破角和缺损的部分都一一补齐。然而美棠的信里并没有海誓山盟,或者相思如海,她写的都是柴米油盐,让他多买几斤米,或者几把糖,有时她因为这沉重的养家的负担而怨他说:"我很气你,真的很气你,不再写了。"由是几个月不再写信来,他也不恼。他知道美棠心里的苦和委屈。他后来说,假如能再回去,他还是要回去这段两个人虽经苦难但是相濡以沫的感情。老有所依,美棠在岁月和操劳中已经苍老的容颜、暴躁的脾气,他都一如既往地爱着。她去买菜,他都跟着,心疼她一个人拎着沉重的菜篮。美棠唠叨他不会买菜,他如小学生一样听着,从来不恼。

平如画了一幅画"你什么都不会做",里面写满了美棠的埋怨。美棠一生对他讲得最多的话,不管做什么,都被说"你什么都不会做",比如炒菜炒得不好,抽屉没有关上,给孙女买的书是错误的……但是他不生气,笑嘻嘻地听着,觉得她的埋怨,也是爱。

美棠病重的日子里,他每天早晨5点钟起来照顾她,买菜做饭,给美棠洗脸梳头做腹部透析,忙归忙,但是他的心里一直都有希望,美棠有一天终于能恢复健康。但是她一天天衰弱和糊涂下去,得了老年痴呆,偶尔的清醒伴随的是终日的糊涂。她提出的每一个小小要求,从杏花楼的小蛋糕,到家人都不明就里地找不到的黑底红花旗袍,他都费尽心思要找来。而此时,她早已忘却彼时的要求。他从未见责。

曾经英姿勃发,他到了90岁还是个精神矍铄的老人,垂垂老矣,他爱美棠的心如故。曾经,我读过的那篇《赤白干净的骨头》,印了一张平如和美棠的小照:曾经我们都要感叹人生无常,情意无常,甚至无论怎样的聚散两依依,一切不过都是转头空。但是平如用他朴实而细腻、终其一生的感情如是说:数十载人生倾泻而下……山形依旧,流水潺潺,江月年年,星汉灿烂,原都不是为了要衬得人世无常。相思始知海非深。

在吉祥草的这顿晚饭,我吃的并不算有滋味。心里惦记着没有看完的《平如美棠》,等了一个半小时才有了空座,吃了十几分钟就起身去找那本书,但早已经被另一个人捧在手里。心里竟有些难过。难过的究竟是什么，却也说不清楚。

　　我上一次来吉祥草，已经是一年之前。说来令人难以置信，这整整一年中，我几乎没有自己的时间，甚至没有一个悠闲的日子。这一年，沉重的工作压在我的肩头，更沉重的责任压在心头。下级受不得丁点的委屈和辛苦，上级无心顾及你的困境和付出的艰辛。想起曾经看过的一句话："不知道经历过多少背后的冷箭和中伤，才练就一副真正的铜皮铁骨和铁石心肠。"但是偏偏我没有放弃曾经的天真，也不愿意相信这个世界上真正能驱动一个人的无非是利益，所以终究没有练就刀枪不入的铜皮铁骨和铁石心肠。但是，这又有什么关系呢？

　　这一本图文并茂的小册子，带着平如一生的记忆，他画了厚厚的18本大画册，印出来也不过是一本书。然而它依然能感动我的心，只因为这平凡人的感情，绵长醇厚，即便苦难临头，也能深味生趣。

　　惟将终夜常开眼，报答平生未展眉。这是生者对于逝者最深沉也最悠长的依恋了吧。

八十八夜

两个月前,《西方艺术史》的翻译和润色终于告罄,我也觉得长舒了一口气。因为在翻译的过程中将又厚又重的原书拆分,所以如今一本厚厚的艺术史已经完全散架。此时,再看自己第一遍翻译的书稿,已经觉得难以入目。出版社催促我写译后序已经有一段时间了,因为一直没有想好到底要写什么,又不想敷衍,只能等灵机的顿现。

每每让我从烦扰中静下心来的,除了美丽的象形文字,还有艺术。艺术于我而言,并不陌生。从儿时的涂鸦开始,我就对色彩、构图以及形体有一种异于常人的敏感。但是与其说我喜爱艺术，莫如说我喜欢艺术带给我的移情之美。绘画艺术中我曾经独独偏爱印象派，也许正是印象派隐约给人一种水光玲珑、光影变幻的感觉。即便是以浓郁的色彩著称的凡高的作品，也是在真实地描绘自然物体的同时，表达出不同的情感，而正是这情感，赋予了绘画艺术各种不同的风格和个性。正如席兹所说："（印象派）对于水中之倒影的描绘，是以瞬间感受所得的世界取代一种由记忆的片段所组成的世界的手段，在倒影里，寻常生活中的事物都能转换成一个纯粹视觉世界中的抽象因子。"

而对于各种各样的雕塑，我独衷情白色的大理石圆雕。达·芬奇曾经将雕塑列于绘画之后，因为绘画更美观，更富于想象，也更便于理解。最重要的是，绘画讲究透视构图，色彩丰富，还需要有光影和氛围，而雕塑则无法表现物体的透明和光泽，或者像清澈的水底中五彩缤纷的石子这样的境界。

去年春天到欧洲旅行的时候，我特别去了位于阿姆斯特丹的凡高博物馆和艺术之都巴黎。虽然曾经看过无数凡高的各种作品，但是在看到真迹的时候，还是感觉无比的震撼：凡高笔下那些神情愁苦的农民，在厚积的油彩中显现的模糊的轮廓，还有他举世闻名的向日葵以及鸢尾花，悲怆的自画像，无一不散发着震慑人心的魅力。

凡高曾经说："我想画上半打的向日葵装饰我的画室，让纯净的或者调和的明黄，在各种不同的背景上，在各种不同色调的蓝色底面上，从最淡的委内罗斯蓝到最高级的蓝色，闪闪发光。"可是，我最喜爱的凡高作品，并不是他这些明亮而生动的向日葵，而是他笔下的《杏花》。我仍然记得我站在这幅幽静如娴雅的古中国一样的绘画前，仿佛嗅到月夜下杏花的清新气息,又仿佛我童年时在母亲的画案前第一次看到《春江花月夜》的心情。

而在巴黎,自然一定要去卢浮宫欣赏一下举世闻名的杰作。不知道是不是满目皆是的绘画昏花了我的眼睛,我眼中的青铜雕塑闪着淡淡的幽光,而洁白的大理石雕则肌肤饱满润泽,仿佛可以看到肌肤下面微微流淌的血脉。是的。我是这样倾心地爱着艺术,虽然我并不从事艺术工作。但是,我总是在不经心的刹那,与其心灵相通。我并非只喜欢一位画家的画,或者说只偏爱某个雕塑家的作品。艺术对于我,只以美感存在,创作者的尊卑和盛名与否并不影响我的心情和判断。甚至,很多艺术家往往以其睿智的生活态度令我对他们的作品情有独钟。譬如,在苦痛中不断完善自己的米开朗琪罗,他曾经说,人终其一生,都在不断地完善自己,而在临死前更应在精神上达到完美的境界。所以,我热爱他的《大卫》,引而不发的坚忍和健美修长的体魄。我也喜欢伦勃朗,他无与伦比的用光和阴影,还有他对妻子的热爱和赞美:"当你爱上一个女人,并娶了她,你就拥有了所有的女人。把头靠在她的胸前,可以感觉到母性的光辉;轻轻脱掉她的衣衫,她是贞洁的少女;给她披上一件紫袍,她就成为高贵的皇后。"还有,随性而豁达的雷诺阿,他比拟自己如同漂流在人生长河中的软木塞,随波逐流,但是却并不影响他在潦倒之时仍然画下娇艳欲滴的花朵和花朵一样娇艳的女子和孩童。

但是,艺术史并不是以作品和人性以及创作的精髓为中心的。艺术史以总结和评论见长,在对人类创作追本溯源的同时,以严谨和庄严的格调描述整个西方艺术史的发展。这其中所收录的艺术,并不仅仅是绘画和雕塑,也不仅仅是光辉灿烂的古希腊罗马,恢宏壮观的夏特尔大教堂，或者是光怪陆离的现代派艺术。西方艺术史追溯了西方丰富的文化遗产，其中还包括了版画、摄影、建筑、室内设计和装潢等各种艺术。除了西方艺术的本土风格，更兼介绍了受到西方艺术创作影响的北美以及土著艺术。艺术也许虚无缥缈，然而艺术家却是社会中实实在在的团体。他们和常人一样，需要维持生计，更需要看人眼色。所以，艺术恩主、教会、王室以及达官显贵对于艺术风格和创作的影响，是艺术创作中不可忽视的部分。所以，贝尼尼创作的精美的大理石雕，还有他巧夺天工的祭坛设计，也依然不能完全赢得法国国王的欢心。甚至米开朗琪罗和达·芬奇，也无法逃脱这些影响。在艺术史里，艺术作品和艺术家都是在特定创作环境下的产物。艺术的发展和风格而非艺术家和作品，是艺术史的主角。艺术史中的艺术，并不完全是一种美感的盛宴。譬如各种各样的后现代主义艺术，甚至令人觉得乏味的版画艺术，都自有其发展的轨道和风格。

我翻译的这本《西方艺术史》采取非常规的编纂方法，打乱了大多数人熟悉的艺术史分段，再加上51位创作者的不同风格和侧重点，使得整个翻译十分耗时费力。我仍然记得那些无法休息的周末和假日，不知回绝了多少朋友的邀请；还有那些无暇疲惫而继续挑灯的夜译。或者是因为自信的中文和英文功底，虽然偶尔也有拖拉，可是有时也能一日千里。编辑反馈说，看着译作一天天增长，感觉渐入佳境。

翻译出版之后，这本艺术史收到了99.8%的好评。读者那0.2%的不满来自于对纸张的误解，总觉得薄薄的铜版纸太过于廉价，配不上几百元的图书定价。实际上出版社为了减轻书的厚度和重量，用了最好的铜版纸。我自己也有一些不甘心，因为按照出版社的要求，所有约定俗成的人名地名都必须严格按照具有权威性的人名地名辞典来翻译，以至于书出版以后，还有不明就里的读者气冲冲地问，为什么要把大家都知道的某某画家译成不熟悉的生名。又或者有人会对某个艺术的专有名词，比如中世纪的泥金插画手抄本或者版画的技巧术语提出异议，却并不知道我为了找到这些术语的准确翻译，在为期很短的翻译时限里，参考对比了不同国家地区和时期的解释和译名。全书我自己看过几遍，总觉得还可以翻译得更好些。但是，想了想，天下万事万物，很难十全。于是放下了心结。

八十八夜，是日本人形容新茶之味的说法。自立春之后的八十八夜，所采摘的新叶制茶。春天草长莺飞，正是茶叶最盛的时期，因此也具有最上好的滋味：新鲜，甘甜或者微微的苦涩，唯有这一季最为鼎盛。然而，完成这部书的翻译，我花了不止八十八夜的闲余时间。我也曾经抱病坚持，也曾经在数日不动笔的懒散期之后继续。有时候，文兴正浓，所以下笔如飞。还有很多时候，几乎要放弃不做。此后看来，当时的感觉远不如此时这样富有戏剧化。对我来说，这本书其实是风霜打过，梅雨浸过，烦扰的尘心和刹那的空灵共同炮制的八十八夜。李碧华如此说八十八夜："只要熬过八十八夜，失去的会回来，徒手者有物盈握……小孩在母体中，八十八夜，已具人形……八十八夜，心情已收拾，面对现实。八十八夜是千头万绪，千山万水。但它过去了。泡一杯新茶，迎新天。茶色清绿晶莹，是新芽新叶的灵魂，光可鉴人……"八十八夜，我也终于摆脱这重负，回归我起初看山看水的悠闲。

灵地的缅想

在这个世界上,曾经有一个我始终不能忘怀的人。我和他的缘分实在清奇而诡秘。我在少不更事的时候,最喜欢逛的是散发着书墨清香的书店。那一天有漫天的风尘和料峭的寒意,偶然经过一家小小的书店,顺手从一摞旧书里抽出了一本并不厚重的册子。这本书就是那个出生在黄河之滨却有着江南隐士的气质的胡河清,最后的也是唯一的遗作《灵地的缅想》。我翻看的正是他写的最荡气回肠的序篇。这位素未谋面的作者写出了我彼时对文字最深刻的感受:

"文学对我来说,就像一座坐落在大运河侧的古老房子,具有难以抵挡的诱惑力。我爱这座房子中散发出来的线装旧书的淡淡幽香,也为其中青花瓷在烛光下映出的奇幻光晕所沉醉,更爱那断壁颓垣上开出的无名野花。我愿意终生关闭在这样一间屋子里,听潺潺远去的江声,遐想人生的神秘……"

胡河清最擅长写文学评论,他究竟拥有怎样的风度和容颜,我不得而知。但是在时隔多年之后,当年那家小小的书店早已不知所终,他的文字和名字仍然隐约地出现在我的心中。我不知道他为何在盛年之际,早早结束自己年轻的生命。他的文字虽然颇为清越,也颇为向往隐士的暮气和悠闲情调,但是我却并没有在他的文字中读出对人生的失望和放弃。他和我一样喜欢"游心",品味各种文字带来的美感和不同境界;他也和我一样好奇,喜欢探索秘而不宣的神秘未知世界,以及东方的谦谦君子修为。更重要的是,他和我一样信仰"浩然之气",而文章所以漂亮,全靠写的时候体内蕴发着一股精神灵气,这股灵气正是所谓的"吾善养吾浩然之气"。心浮气躁的人,不是耽于游乐,就是流于附庸风雅,绝写不出充满灵气的文章。

我对于文字,有一种奇妙的掌握和洞彻。有时候仅仅一瞥之间,就能从字里行间发现其中隐含的信息。大部分人的文字,和大部分人一样,缺乏堂堂的气度。文字是无须面对人的交流,所以常常成为深思熟虑的掩饰,其中更有刻意的隐藏甚至欺骗,我偏偏能一眼看穿这些隐匿的情感。我在胡河清的文字中也发现了他刻意且又不刻意的隐藏,所幸他要隐藏的,只是他的情感,因此没有带有任何矫饰的情怀,或者不堪。但是,恐怕也正是他这刻意隐藏的情怀,使得他最终踏上不归之路。

逝者如斯，如今恐怕已经没有人记得这位以"河清有日"命名的作家，更无人能理解他坠楼自杀之时，是怎样决绝的心迹和勇气。都说天妒英才，我总觉得惋惜。那样一个美好又隽永的生命，就这样消逝了，多么令人痛心。然而，我一直记得他，以及他的文字所带给我的触动。多年之后，我从父母的旧宅里，翻出了我年少时候的藏书，包括那本我无意中邂逅的小书，重温了他的文字。即使是带有"苦谛"色彩的人生，仍然在他的笔下生花。即便生老病死，爱憎离别，红尘滚滚，犹如火宅，谁能逃脱？我确信他最后的一搏，和他期望的隐遁避世无关，却和爱情有关。此间百凡如故，我仍留而君已去耳。行行生别离，去者不如留者神伤之甚也。生离如是，死别尤甚。逝者已冥漠无知，唯存者心摧肠断。

　　夏日的夜晚总还是闷热的。我犹然记得当年那个冰冷的漫天风尘的冬日，邂逅一个逝者的优美文字和内心。如今，放下书卷走出屋去，只看到漫天的繁星，万籁俱寂。然而我仍然相信，即使逝者冥漠无知，他的文字仍然是我在这个世界中的珍藏。

对不起　我爱你

　　从外地回来，临到家门口，才发现当初走得太匆忙，竟然忘记带钥匙。而且手机就剩下微弱的一小格电，夜已深，确认开锁公司没有人愿意在这样仍然寒意料峭的黑暗中赶来，于是果断地在手机没电之前，在最近的宾馆订了一个房间。一切似乎很顺理成章，按照我不愿意麻烦人的个性和时下微冷的人情，在朋友或者亲戚家借宿一晚，或者请朋友帮忙来开锁甚至根本没有在脑海里闪过。

　　手机没电之前的最后一个电话，是外地的朋友打电话来问我是否顺利抵沪，得知发生的一切，他说："中国人的人情就是在你来我往这样的互相帮忙需要中建立的。你所谓的麻烦，其实是这个社会里最司空见惯的规则。"我漫不经心地听着，微笑着，不置可否。他大约也觉察了我微微的抵触，改口问："你上次忘记带钥匙，是在什么时候？"

上一次？我在脑海里竭力地搜寻，一切都这样似曾相识，往事尘封。但是，我真的也曾经忘记带钥匙。那一天是农历七月初七，父母都不在，而我第一次忘记带钥匙，也是同样的手机就剩下微弱的一小格电。我在手机没电之前，拨通了小猪的电话，只因他是离我最近的人。都说福无双至，祸不单行，我刚走到外面等候小猪，扭了一下脚，装饰着美丽水晶的凉鞋鞋面整个断了。小猪后来笑话我，说看到一个女孩子镇定地站在路边，仔细看却只穿了一只鞋子。

19岁，穿着T恤、球鞋，高高瘦瘦的小猪爬上二楼的窗子，替我开了门。第二天，小猪不请自来，怀里还抱了一双薄荷绿的凉鞋，手上拎着喝了一半的百事可乐："鞋子送给你。"我接了鞋子，执意付了钱。他笑着接了，并不推辞："第一次见到你这样客气的人。"

小猪很瘦，但是不失高大，身高一米九，柔韧性很好，身子可以不费力地拧成九道弯，神色里有些小世故。但即便如此，他仍然是未经风雨，满是清新的青春气息，常常拎着一瓶百事可乐或者橙色饮料晃在路边。他总会跑来找我，即便是暑假里我仍然忙于课业而没有时间理他，他也毫不见怪，只一个人坐在那里玩手机，有时候窝在椅子里睡着了，有时候趁我心情不错的时候和我嘻嘻哈哈地说他那点鸡零狗碎。每每天色已晚，小猪妈打电话来问他在哪里，怎么还不回家，他嗯嗯啊啊地淘江湖，我便催他。他总是含含糊糊地说，再等会儿再等会儿。催急了，他才懒洋洋地从椅子上爬起来，走到门口，回头看我一眼。到了楼下，朝我的窗口摆摆手，不管我是否在窗前。

整整一个夏天，他几乎每天都会来找我。有时候我不在，他便在门口等，一等好几个小时。

"你真闲。"我这样数落他。

"我不闲，我喜欢你。"他还是嘻嘻哈哈，又自说自话："别当真，我逗你玩儿的。我喜欢陪着你。"

虽然一直不知道他的家具体在哪里，但是后来才大约知道他到我家并不顺路，要不少时间才能回去。小猪吃得很少，睡得很晚，大脑袋晃在细高的身子上像颗豆芽菜。夏天的傍晚，他也会陪我闲逛。中国热闹的市井生活，我并不喜欢，只是喜欢夜色深沉之后，人声逐渐消散的安静。即使是散步的时候，我也是安静的，并不说话。而现在回想起来，大部分时间，小猪也是并不怎么多话的。但是他饶舌的时候，也并不讨嫌。他说普通话的时候声音悠长好听，说上海话却又急又快，迅速而吞音，完全变了一个人。有一次听到家里人叫我的小名，他便坚持地随着家人叫我的小名。

小猪不喜欢打电话，一句话能说完的话，宁可发数条短信或微信。有一次，他对我说："我看到一个动漫画像很像你。"

他发过来的那张画像其实在我看来一点都不像。但是他坚持说，很像的，侧面一模一样。

然后又用强调似的语气说："你不觉得很像吗？我觉得很像的。"

我笑了笑，并不反驳他。

和小猪才熟悉不久，他要和朋友去香港玩。

"很早就订好了的。我就去几天。"

"去咯。"我说。

到香港的第一天，他打电话给我："香港没有我想的好玩。也没有什么意思"。

第三天，他又说："哎，我蛮想家的。我想回来了。"

第五天小猪急匆匆地从香港赶回来，带了一瓶香奈儿新款香水给我。

"你哪来的钱？"

他含含糊糊不知所以。那天他穿橙色的T恤，球鞋、仔裤，一如往常那样散漫。但是又有些不一样，究竟哪里不一样却一时很难描述。

有一天，他用带着上海腔的普通话说："我爱你。"说得又急又快，又带些开玩笑的自嘲。

"你又知道什么是爱了。"

"你好看呀。"

"好看你就爱啊，好看的人多了。"

"我又不是因为你好看才爱你。"

我忙自己的事情去了，并不理会他的期期艾艾。他自言自语地说："是咯，我哪里又知道什么是爱了。"

但是我和他之间微妙的平衡被打破了。他开始找茬吵架，经常气势汹汹地打十几个电话兴师问罪，我不理他，挂掉电话。他再打。到最后他终于屈服："好吧，我错了。"

有一次他当着我的面，把原本买给我的Miss Dior香水送给了我一个朋友；又有时候我们几个朋友一起吃饭，付账的时候我坚持付了钱，他便一路不理睬我。

这样的回合历经数次，第二天他又来找我，若无其事，但温和坚定。

每次假期结束，我离开上海去继续课业的时候，小猪总是一副满不在乎的样子。但是我每次走，他都有种仿佛永远见不到我的心情："真要走了？不回来了？"

"想回来就回来咯。"

他也会和我在网络上保持联系，有时候通通电话，和我唠叨一下他身边的人事。我回上海的时候，也并不提前通知他。但是，他常常惊得跳起来："回来啦？真回来啦？"每每如是。这惊讶带着喜悦和兴奋，但是又非常自然，充满欣慰。我偶尔会戏谑他。

小猪喜欢听歌，不管哪首歌的前奏刚一响起，他就能报出歌名。有一段时间，他常常哼的一首歌，叫做《对不起，我爱你》。有时候他会发给我一些莫名其妙伤感的话："之所以会感觉到冷，是因为曾经温暖过……"

后来，小猪开始考试，毕业，考驾照，和我一样忙得不亦乐乎。时光一天天过去，我和小猪还是很好的朋友。小猪送我最后的礼物，是银链子上的幸运草挂坠。他说，一般幸运草是三片叶子，四片叶子的很难找，他在网上搜了很久才找到。然后他夸张地说："你别丢了，很贵的。"那坠子在我看来不失精致，但是有点小儿女的味道，我收在了盒子里，并没有佩戴过。小猪也不再问起。

终于有一次，我回来，他过了很久才赶过来。我说："有女朋友了？见色忘友！"

他沉默地低了头，并不回答。那一天，我和他还是说说笑笑，但是，仿佛被我撞破的秘密弥漫了尴尬。

回到家，我接到他的短信："我只是觉得她有哪个地方有点像你。"

我像平常一样，没有回复。

再后来，我并不过问他的女友之事，他也并不提起。但是隐约地感觉他又和那个女孩子分了手，再后来他的女朋友是谁，无从得知。

我的生活越来越忙碌，我已经不再有时间和他聊天，甚至联系。他写过几封邮件给我，我也忘了回。我最后一次见他，他还穿着T恤、仔裤，只是换掉了球鞋。在咖啡馆聊了一会儿，他突然说："我发现你长得很像一个人。"

"错了，你应该说有个人长得很像我。"

他继续说："真的很像你。是一部电影里的女主角。"

我笑着说："我从动漫女主角变成了电影女主角？"

他神色黯然地说："喜欢一个人也好，爱一个人也好，原来和那个人无关。"

我看着眼前已经冷却的咖啡，无言以对。

那次分别，小猪站在马路对面，我回头看到他脸上的神色变换，仿佛在做着什么挣扎。刚一转头，他在对面喊道："明天晚上我找你吃饭。"

"明天我没空哦。"

我们就这样渐渐成了陌生人。只是有一次，小猪突然留言说："你能想象我穿西装打领带的样子吗？"

我想不出，也没有时间想。

时隔良久，我再一次被锁在门外。而这次，我没有叫小猪，也没有像过去惊动任何人。

在宾馆里我睡得并不踏实，第二天醒得很早，外面仍然是被黑暗包围的世界，远不及破晓。看着仍然黑洞洞的天花板，我突然想起了第一次忘记带钥匙而被锁在外面的时候，也想起了小猪。在那一刹那，我突然想清楚了，这么多年小猪一直想要我明白的感情，也是我刻意地忽略的他的心境，还有他翻来覆去哼唱的那首《对不起，我爱你》：

"没别的只想说对不起，对不起我真的爱你，

不管你会怎么想，你怎么说，也不会改变我的决定。

你知道有时候感情事很难说，很难说爱人或朋友，

从前到现在我真的感觉要，一想你我的心就发烧。

想给你听我的心跳，想你知道我睡得不好，

喝水想着你，搭车想着你，合眼闭眼间出现的全是你。

我猜不到你的表情，我等不到你的回应，

不想难为你，又不想放弃你，

决定告诉你，对不起，对不起，我爱你。

没别的只想说对不起，怎么样我都会珍惜，

不管你会怎么讲，你怎么做，也不会影响我的心情。

你知道有时候男孩更难捉摸，难捉摸爱人或朋友，

现在到永远我真会感觉要，一想你我的心就狂跳。

我的模样记不记得牢？情人卡有没有收到？

读书想着你，听歌想着你，大地和蓝天，出现的全是你。

我才不管你的表情，我才不理你回不回应，

不想难为你，又不想放弃你，

决定告诉你，对不起，对不起，我爱你……

小猪，祝你幸福！

猫冬

　　曾经，我在北京小住了一年，新学了个北京方言"猫冬"。
　　某天顺嘴回答一个朋友的问候，曰：躲在家里猫冬。他和我一样是个南方人，偏偏却没有文字上的默契，对于"猫冬"那种慵懒，并非不惬意的隐居生活，颇为不解。北方的冬天和南方阴冷潮湿的感觉不同：干冷，有风。有太阳北风的正午还有点暖洋洋的感觉，当然这暖洋洋比不得旭暖的春日。那是一种退而求其次的温暖。这阳光变得不刺眼，晒在身上，让我想起小时候晒在小棉袄里子的阳光。

我住在五楼，是个不高不矮的楼层，卧室的阳台虽说是落地的大玻璃窗，不过我看得到外面的人情物理，楼下的人也能清清楚楚瞧得到我的一举一动。阳光透过大玻璃透过来虽然带来明亮和温暖，但是暴露在阳光下的是灰尘和水汽落下的灰点子，之前的装修队做工不细致隐藏的粗陋边角。我又是个"穷讲究"的人，凡事不喜欢凑合。因此琢磨到底是给这不大不小的空间拉上和房间里一样的白亚麻配蕾丝窗帘，还是找人来安装有些雅致韵味的竹帘。后来，还是取了后者。即使以挑剔的眼光看，这帘子除了在帘头部位有些不齐之外，还是非常合我的"心水"。冬天的太阳角度并不直射。拉了一半的竹卷帘，正好让我可以看看楼下的风景，又完全遮挡了隐私。最重要的是，用个玻璃小壶泡点碧清的茶，半靠在铺了一层薄褥子的榻上，在温暖的阳光里眯着眼睛打盹，或者听听老歌，这大概就是"猫冬"最适宜的解释吧。晚上如果温度并不太低，顺便把卧室和阳台之间的玻璃门打开，躺在榻上，把帘子拉起来，可以看到天上的星斗。北方冬天夜晚的天空总有些山外风景的感觉，高远，清朗，月光即便清冷，也让人心情很安静。有一天，我居然就看着看着，眼皮发沉睡着了。最后被凛冽的寒意激醒了。因为到了晚上，整整一面的玻璃实在难敌料峭的冬寒。

上次逛花市，买来的蓝色雏菊花，被我插在一个日式的小罐里，在对面墙上挂了一幅古人的《写生蛱蝶图》，画上的菊花虽然有些生硬，但是掩不住蝴蝶翩然若飞的风度。榻的上方，我挂了一幅吴冠中的《红莲》，恰恰是接天莲叶无穷碧，是我最爱的江南水乡风光。这油画虽然和真迹几乎一般无二，但是却真切地只是个仿品。送画的朋友连画框也一起装裱好，但是这画的色彩实在浓郁，和居室里淡雅的色彩有些不协调。想不到的是却和这个被我用来"猫"着的小天地十分契合。因为觉得榻太单薄，特别地买了两张雪白毛绒的羊皮垫铺在靠枕上。阳光有时候将这羊毛垫子烘得热乎乎的，正好差一只眯眼打呼噜的猫咪。但是我爱干净，也从不养宠物，所以并不引以为憾。榻上的床品，是极为素净的纯白，刺绣也很雅致，所以也平添了一份舒适和清雅。这房间里唯一的亮色，就是我铺在榻前的暖橘色的脚垫了。这颜色明亮，鲜美，和周围素净的白，淡雅的蓝色极为相左，但是却很和谐。

北京的冬天看不到太多的鸟雀。有时候能看到黑白的喜鹊飞来飞去，叫声虽不及云雀那么动听，但是胜在"讨喜"。当然北京是个热闹的城市，以前的鸽哨是很难听到了。冬天的白昼短。有时候，四点刚过，天就暗了。好像过去的六七点的天。最近因为身体的原因，被逼着要出去走一走，接接地气。手套、羽绒服、长靴全副武装之后，到距离家不远的"元大都城垣遗址公园"散步，依然被寒风冻得耳朵疼。公园里很热闹，中年人和老年人都喜欢在里面唱歌跳舞，配了雕檐画壁的古式亭楼，远远地听，还是有些"水榭歌台"的味道。近了，就只看到一群人在那里热闹。年轻的情侣也有，还有遛狗的人家，小河的水已经结了浮冰。公园旁边有条小路，排满了水果摊和菜摊，灯火通明的，也很热闹。从里面穿过去，看到冻得软软的大柿子、蜜橘、红黑色的葡萄、大块头的柑橘，摊主手写的五颜六色的价格牌，每个人虽然都缩着脖子，但是满眼里仍然闪着对生意的期盼，周围的摊主也不无打闹，虽然市井，但是倒也生机勃勃。

从外面回到家，一开门被温暖的气息一扑，感觉就懈怠了。脱了大毛衣裳，继续在这人造的"温室"里做一朵经不住风雨的花朵，或者这就是"猫冬"的惬意所在吧：不管外面怎样寒风凛冽，你温暖舒适地待在一个小窝里，喝点滚烫的茶，又或者青梅煮酒，顺手吃点鲜咸的吊炉花生、冻得冰甜的大柿子，也算是"偷得浮生半日闲"。

半亩园

一年之中，我最钟爱五月的时光。这是一个鲜花盛开，阳光明媚，让人心情不由得也明亮起来的初夏季节。五月，我常常惊讶于种子的力量。

几个月前，我后院那块花园兼小菜园的三分地，已经郁郁葱葱了。玫瑰花败了又开，向日葵在两三天里就蹿过了人。这几天长周末，我得闲到花园里折腾折腾，只不过我的注意力，早已经从除草转移到了整个小园子带给我的祥和宁静里。黑色的小蚂蚁排成一条线，在高大粗壮的向日葵上爬上爬下，红色黑点的小瓢虫在阳光下闪着悦泽的光芒，坐在开满了白花的树下，冷不丁发现西红柿、黄瓜和豆荚藤，都开出了黄色的白色的小花。豆荚藤上已经有了像弯月一样纤细的豆角。小蜜蜂扇动着翅膀，嗡嗡地在花间采蜜。邻居家的屋顶上，落满了飞鸟，有时候会倏地腾空飞去，只留下清脆的鸟声。

刚刚下了雨，所以土地还是湿漉漉的，我刚刚拔了几根小草，就注意到其中居然还夹杂着西红柿的小苗儿。这西红柿原本就是去年掉落的果实野长的，去年种得晚，寒霜过了，还挂着果的西红柿活活被冻死，让我难过了好半天。每每雨过，就会这儿那儿冒出了。我种这个园子，其实只是为了获得一种宁静的心情。所以，记得就施点肥，不记得就让这些花草果菜自生自灭。只是它们的确让我学会了很多东西，比如，大蒜必须要经过低温的处理，才会抽薹；西瓜一定要人工授粉，才能保证结果；还有那常常被我当杂草拔掉的苦菜，其实是一味清热解毒的药；玫瑰花插枝的时候必须去掉上面的余叶，才能提高存活率。

有时候倦了，就跑到二楼的小阁上坐一会儿。小阁子并不大，垂着深色的竹帘，有阳光的日子，只要不太热，很适意；下雨的日子，很幽静。一边放得下一张茶桌，四把藤椅，此外还能容三四个人在另一边清谈或者下棋。因为兰花不能在阳光下直射，所以也被我放在了这个小阁上。有时候夜晚时分，我也坐在这个小阁子里看书，周围一片安静，所以虫吟与风鸣，都能听得很真切。周末夏日的午后，我也会来这里小坐片刻，看看暮色潜动。相比较家里其他地方，我居然最喜欢的还是这个小阁子。因为安静，所以可以洞悉些微，所以临时起了个名儿，就叫阅微小阁吧。

平日里我是比较懒散的，忙碌的工作和紧张的节奏，早已经让我失去了娱人娱己的欲望。所以，自从住到这里来，我基本上是很少下厨的。不过因为五月是欣欣向荣的季节，所以偶尔也做些小点。今天在小园子里把本来就不多的几棵小葱拔了，按照网上的菜谱做了几张香喷喷的葱油饼儿。葱油饼里嫩外脆，我还加了点香草的叶子调味，所以很香脆可口。也算是偷得浮生半日闲了。

快乐的愿望其实真是很微小。